マンガで分かる!

保育って「いいね!」

大豆生田 啓友/監修
天野 JACK/画

ひかりのくに

Index

人物紹介

榊 かな

優しく癒しの後輩。天然。

松本 しおり

てきぱきしていて頼れる先輩。ツンデレ。

光田 みなこ

明るくて元気で子どもが大好き。たまに童心に返りがち。

くまぐみの子どもたち

あい

何にでも好奇心旺盛。

やまと

やんちゃでいつも元気。

はるか

絵を描くことが大好き。

まもる

恥ずかしがり屋でマイペース。

園長

いつも笑顔で時に厳しくも、みんなに優しい。

大豆生田 啓友

アドバイザー。優しく的確に指導してくれる先生。

現場を見てみよう

はじめに

みなさんは、保育のお仕事が楽しいですか?
なかなかそう思えないという方もいるかもしれません。
でも、ちょっと立ち止まって、
この本を読んでみてください。
みなこ先生と子どもたちの毎日の保育が
どれほどステキなことか。
それは、特別なマンガの世界の出来事ではなく、
あなたの目の前の保育も同じなのです。
この本を読んで、
「ああ、こうやって子どもを見てみよう」
「明日の保育、こんな風にしてみよう」って、
ちょっとの工夫で、
あなたの保育にきっと
「いいね!」があふれると思いますよ。

第1話

保育の仕事

4月…それは始まりの月

やまとくん さようなら

光田（みつた） みなこ

あら？
……
こそっ
さきちゃん さようなら
もじもじ
……
また明日ねー
ペコッ
ペコッ
…まだ始まったばかりだけど ちゃんとやって いけるかな…
ギュッ
大丈夫 大丈夫！
さあ！ 次はあれやって これやって…
もうすぐまた お迎えが来るから…
えーと
えーと
パタパタ
パタ

マメ先生のポイント

毎日の保育、楽しいこともありますが、うまくいかないこともたくさんありますよね。すぐに手が出る子、自分からやろうとしない子、などうまくいかず悩むこともあります。ちょっとだけ立ち止まって子どもを見てみましょう。すると、その子の意外な思いや、していることの意味が見えてきます。その思いが見えると、「困った子」も「いとおしい子」に見えてくるはずです。

ぬっ
みなこ先生！
これ後で
まとめておいて
えっ？
センパイ!?

お願いねー
バタ バタ バタ
あっ…はいー

ええと…
あれやってこれやって
これもまとめて…

せんせ
えー！
びくっ

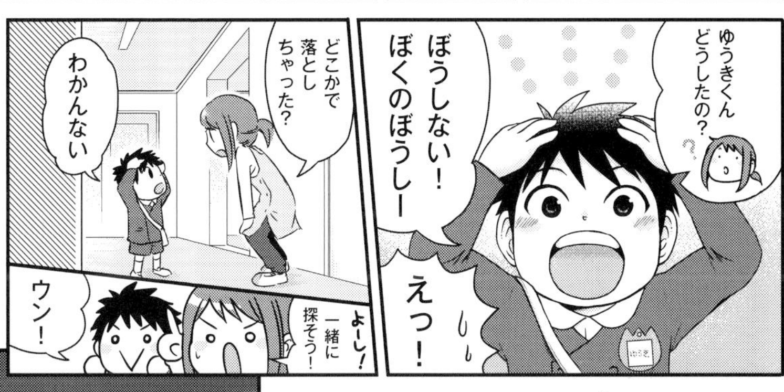
ゆうきくん
どうしたの？
ぼうしない！
ぼくのぼうしー
えっ！
どこかで
落とし
ちゃった？
わかんない
よーし！
一緒に
探そう！
ウン！

おもちゃ
ない…
ない…
ないねぇ…

お迎えの時間も
近づいてきたし
どうしよう…
せんせえ…

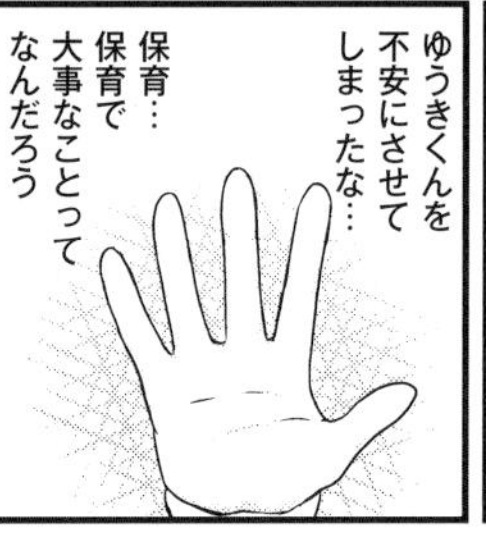

保育では、子どもへの「手厚い関わり」が重要になります。そのためにも、子どもの思いにきめ細やかに応じる「応答性」が必要です。みなこ先生は、ゆうきくんに、手厚く応じています。かばんの中に入っていたときも、肯定的に声を掛けています。ゆうきくん、とってもうれしかったでしょうね。

「生活場面の工夫」のヒントは

P.216 を参照してください！

ゆうきくんは、このやり取りを通して、みなこ先生を信頼するようになったと思います。信頼感をもてた子は、自信をもって様々なことにチャレンジできるようになります。だからこそ、日々の小さなことに丁寧に、肯定的に応じることが大切なのです。

保育者に受け止めてもらえた子どもは、みるみる笑顔に変わっていきます。まさに、子どもも、保育者も「いいね！」ですね。毎日の保育に「いいね！」を増やしていきましょう。

現場を見てみよう

4月におすすめ！

安心できるように

家庭で親しんでいる玩具、生き物、好きなキャラクターなどの本や人形などが出されていると安心しますよ。

不安で泣いていたＴくん。子どもにとって身近な遊び“シャボン玉”を用意しました。楽しそうにシャボン玉をする友達の姿に「やりたい！」という気持ちが芽生え、熱中して遊んでいるうちに涙が止まっていました。

植物を栽培することで、その育ちをじっくり見たり、友達と共有したり…ゆったりと関わることで安心感につながっていきます。

第 2 話

子どもを ポジティブに見よう

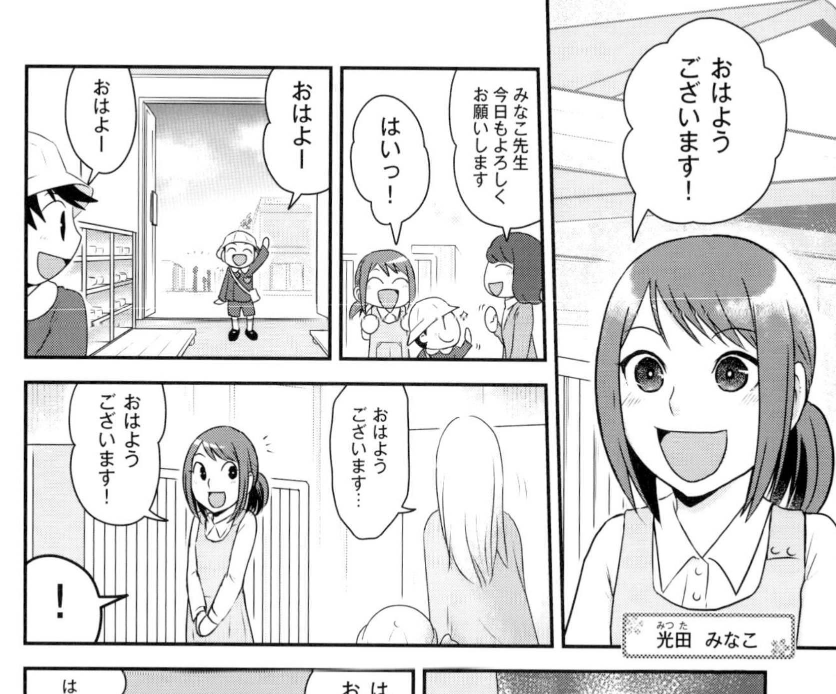
おはようございます！
光田 みなこ
みなこ先生今日もよろしくお願いします
はいっ！
おはよー
おはよー
おはようございます…
おはようございます！
！

ぎゅっ

はなちゃんおはよう！
……
はなちゃん…
入園してからまだ一度も一人でお部屋に行けてない…

マメ先生のポイント

部屋に入れないはなちゃんの思いを探ろうとするみなこ先生の姿勢、とっても良いですね。部屋に入れない子どもの気持ちはいろいろ。「お母さんとのお別れが寂しい？」「入り口がコワイ？」など、理由を探ろうとする姿勢がすてきです。

よく「保護者から引き離してしまえばいいのよ。そのうち慣れるから」という考え方もあります。しかし、保育者はその子の思いを探りながら、丁寧に寄り添って関わる人です。すぐには入れなくても、そのように丁寧に関わってもらった子どもは、保育者をしっかりと信頼するようになるのです。

保護者は、みんな子育てに悩んでいます。はなちゃんの不安の背景には、母親の不安があったのですね。だからこそ、母親の気持ちに寄り添おうとすることも大切なのです。どうしたら良いか分からない母親の気持ちに配慮しながら、子どもに「今度、こうしてみる？」と手を変え、品を変えて提案していく姿勢はとても大切です。

今日は門の当番じゃないからここで…
おはようございます！
おはようございます
とんっ
……
くるっ
おかあさんだいじょうぶ
はな…
わ！一人で行ける？
たっ たっ たっ
お母さん！
みなこ先生！
すみません… 何だか涙が…
私もです！
だぁー
はなちゃんのお母さんの笑顔久々に見たかもしれない
とまらないー
せんせいはなちゃんみにいくの？
んー？門までお迎えに行くのよ！
ぼくもいく！
わたしもー
どうしたの？
はなちゃーん！
おはよー
なあに？
わあっ
みんな落ち着いて

はなちゃんが自分から離れていく姿に、母親はどれほどほっとし、みなこ先生を信頼するようになったことかと思います。子どものペースで変わることが大事なんだと気付く機会になったことでしょう。保護者の気持ちも一緒に支えることが大切です。

現場を見てみよう

園ならではの遊びで

園に行きたくなる工夫

池のメダカを探しているところです。園だと寂しくて泣いてしまう子どもも、自然の中ではホッとできるようです。また、園だからこそ、友達と一緒に、自然の中で思いっ切り遊ぶことができます。

ぜひ、戸外に出ましょう。園庭の隅っこにある雑草、花壇にいるダンゴムシ、プランターの植物など、自然物は子どもの気持ちを安心させることが多いようです。しかも、先生が手をつないで一緒に自然物に触れてくれると、とても安心しますよ。

第3話

子どもの発想のすばらしさ

「素材の置き方」のヒントは

P.212~ を参照してください!

マメ先生のポイント

「風車を作る」という流れの中で、色紙を丸めて「リンゴ」などと何度も持って来る子どもに、丁寧に応じていますね。大好きな先生に受け止めてもらえて、この子はどれほどうれしかったことでしょう。

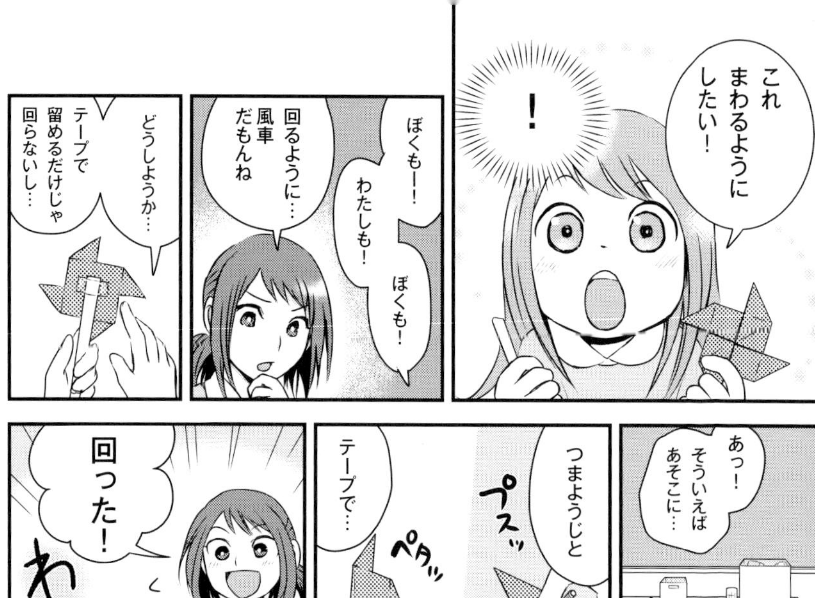

遊びの中で、りさちゃんの作った風車がブームになりました。それは、みなこ先生が一人ひとりのアイディアや発想を丁寧に拾い、他の子に知らせて(可視化して)いるからです。そして、子どもの興味や関心に応じて、ふさわしい道具や材料(今回はつまようじ)を用意しているのも「いいね！」です。

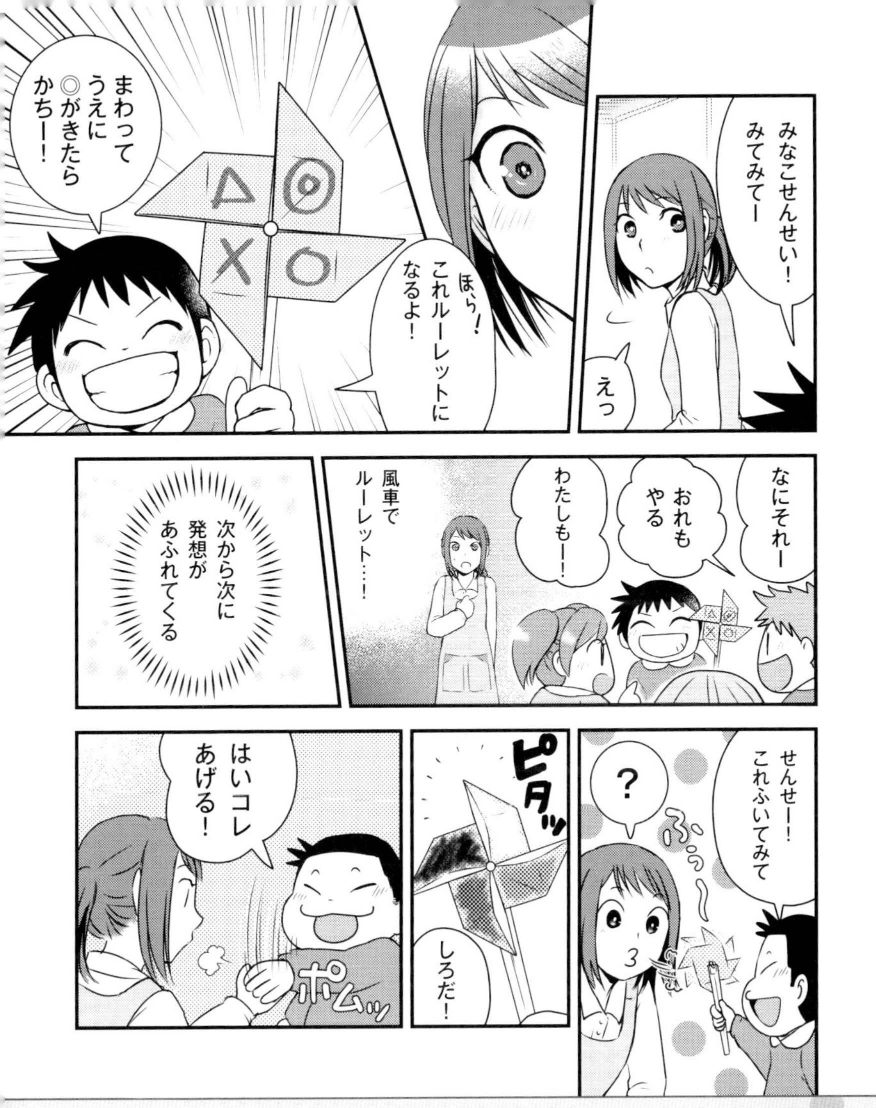
みなこせんせい！みてみてー
えっ
ほら！これルーレットになるよ！
まわってうえに◎がきたらかちー！
なにそれー
おれもやる
わたしもー！
風車でルーレット…！
次から次に発想があふれてくる
せんせー！これふいてみて
？
ふぅ〜
ピタッ
しろだ！
はいコレあげる！
ポムッ

中には、保育者の思いとは違う言動をする子どももいるでしょう。それら全てに肯定的に応じることは簡単ではありません。それでも日頃から丁寧な姿勢で肯定的に接していれば、子どもの大きな自信につながり、個性あふれる発想や思わぬアイディアを発揮することにつながるのです。

中身を見てください

フフフ…

何げない毎日の遊びから、主体的で、対話的で、深い学びが生まれるとはこういうことなのだと思います。自由に遊ばせているだけ、一斉に活動させているだけでは、ブームが起こるような豊かな学びは生まれませんからね。

現場を見てみよう

泥んこいっぱいにできると、園が楽しくなります。嫌がる保護者もいるので、楽しそうな姿を写真などで丁寧に伝えましょう。

泥からチョコに
発想の広がり

自分たちで泥を作ることに!!

雨の日の翌日、
泥を発見！

その泥が
チョコレートに
見えた子どもたち。
お店屋さんごっこに
発展しました。

第4話

こいのぼり製作を考えよう

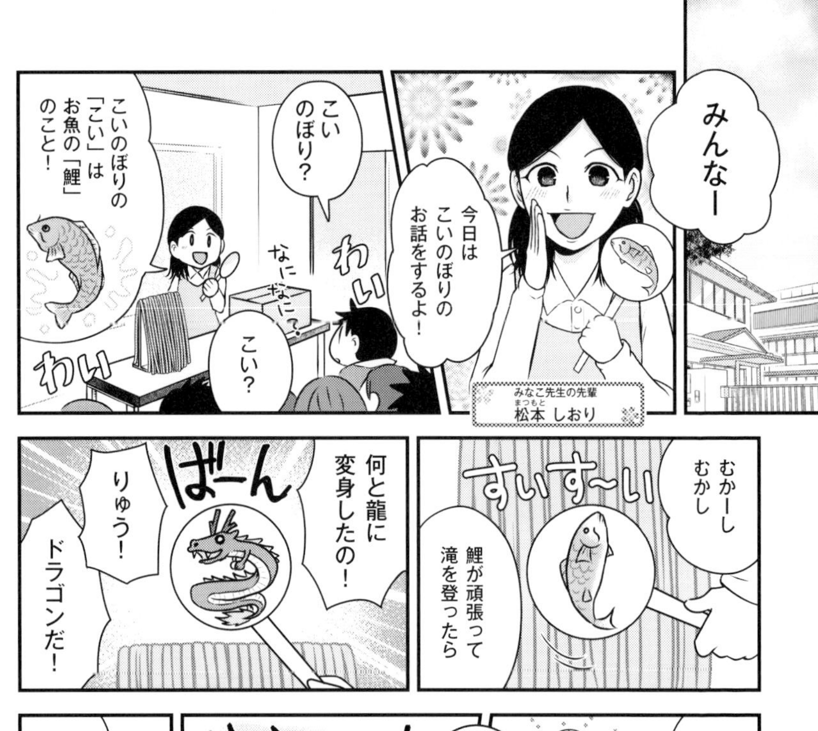
みんなー
今日は
こいのぼりの
お話をするよ！
みなこ先生の先輩
まつもと
松本 しおり
わい
こい
のぼり？
なになに？
こい？
こいのぼりの
「こい」は
お魚の「鯉」
のこと！
わい

むかーし
むかし
すいす～い
鯉が頑張って
滝を登ったら
何と龍に
変身したの！
ばーん
りゅう！
ドラゴンだ！
龍に変身した
鯉みたいに
立派に成長して
ほしいっていう
お願いを込めて
こいのぼりが
できたの！
おおーっ！
そして…
ゴソッ

マメ先生のポイント

しおり先生、グループでの製作を提案しています。最初に、迫力あるこいのぼりを見せて、作りたい気持ちを引き出しています。しかも、無理なく作れる見通しも示しています。上手です。５歳児くらいになると、無理のない範囲で、友達と一緒に作ってみるという場を提案するのもいいと思います。

ワイワイ
本物のこいのぼりはウロコの模様があるよね
ワイワイ
だから元気に泳げるんだよ
みんなもいろんな模様を考えてみてね
こんなもようはどう？
わたししましまかきたい！
きいろにしたいな～
しっぽはあかがいい
めはどうする？
4つにしてかこうよ
うん！
ううん
あっちのグループはこいのぼりを4つに分けて作ってたよ
こそっ
こそっ

事例ではもめごとは起こっていませんが、意見の食い違いなどがある場合は、先生が間に入るといいでしょう。この時期はまだ大作は難しいですが、みんなで作りあげた経験が友達と気持ちを合わせる喜び(協同性)や、自信にもつながっていくのです。

空いてる！
ガラーーーン
さあみんな！
グループ対抗
こいのぼり
リレーよ！
おおおおおおお!!
わあっ
タッチ

「素材の置き方」のヒントは

P.212〜 を参照してください！

現場を見てみよう

こいのぼりをアレンジ

4歳児の作品

新入園の3歳児などは、無理して作らなくてもいいかもしれません。こいのぼりを見たり、話題にしたりするだけでも親しめます。4歳児の場合、自分で選ぶコーナーなどを出してもいいですね。試行錯誤して、自分のこいのぼりを作る姿が見られます。

おたまじゃくしを部屋で飼っていた子どもたち。"こいのぼり"ならぬ、"おたまのぼり"を作りました。

こいのぼり製作は無理をさせず、楽しい経験であることが大切。必ずしも個人製作ではなく、みんなで作るのもいいですね。

第5話

一人ひとりを大切にする誕生日

マメ先生のポイント

誕生会って毎月のことだと、形式化してしまいがちです。特に、それに付随した歌やお話などがあると、そちらがメインになってしまうこともあります。子どもは、年に1回の誕生会を心待ちにしています。一人ひとりが本当にみんなから大事にお祝いされる日になっているか、見直すことが大切です。

やまとくん待ち遠しいんだな～
くすっ
6月がお誕生日の子はやまとくん入れて3人か…
6がつのおたんじょうび
やまとくん
たかしくん
あいちゃん
ちらっ
?
こそこそ
おりおり
もしかしてプレゼント?
ぬっ
わっ!
ビクッ
びっくりした
ハァー
みなこせんせいか～
ドキドキドキ…
驚かせてごめんね
あいちゃんにプレゼントなの
あいちゃんネコすきだからつくってるんだ!
コソコソコソコソ
かわいい
ひみつだよ!
ひみつ!
しぃーっ

……

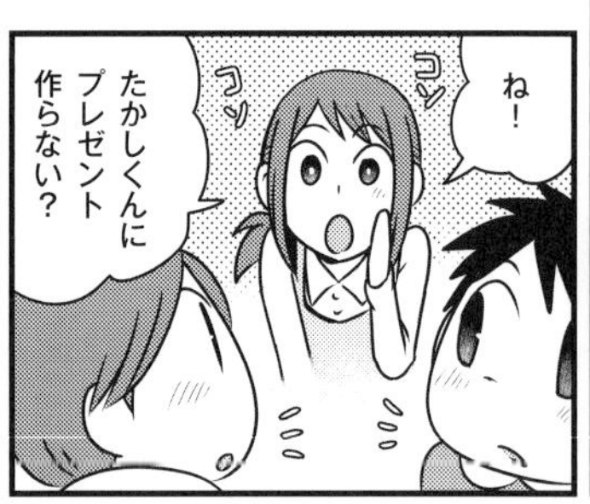
ね！
コソ
コソ
たかしくんにプレゼント作らない？

たかしくん
しーっ
つくる!!

おめでとう

お誕生会　当日

ササッ

ポンッ
よしっ！

今日は
6月にお誕生日を
迎える3人を
みんなで
お祝い
しましょう!
はぁーい!!
やまとくん
あいちゃん
たかしくん
お誕生日
おめでとう!!
たかしくん
おめでとう
わー!
ピカピカだー!
あいちゃん
これ!
おめでとう
わぁ!
ネコちゃんだ!
ありがとう
ドキドキ
ドキドキ
やまとくん
……
ドキッ

好きな遊びの時間を使って、個人の思いからプレゼント作りをするというのは良いですね。大好きな友達からのプレゼントはうれしいものです。ただ、保育者は、どの子どもにも誰かから心のこもったプレゼントが渡されるように配慮する必要があるでしょう。やまとくん、すごくうれしそうでしたね。

保育の場は、いかに一人ひとりの良さがみんなの中で光るかをあらゆる場面を通して考えることが大切です。その子どもの誕生日にクラスでお祝いする方法もあります。よりその子がクローズアップされ、みんなから大事に思われる場になるのです。個を大切にされるクラスは、集団もとても育ちます。

現場を見てみよう

誕生児をクローズアップ！

保護者も参加

4月にみんなで作ったケーキが毎月登場！　冠は、自分で作りました。

誕生児の保護者も参加し、その子の赤ちゃん時代の話をしたりすることで、その子のことをみんながもっと知ったり、関心を高める機会になったりします。

誕生日の日、お母さんに来てもらいました。その時に楽しんでいたネイル屋さんのお客さんになってもらいました。

第6話

本物と出会う大切さ

みなこせんせい
おえかき
したい！
わたしも～
じゃあ
みんなで
お絵描き
しようか！
はあーい
光田　みなこ
わい
わい
カキ
カキ
カキ
カキ
おっ！
たくさん
描いてる
一緒に
何を描いて
いるの？
ウサギ！
かわいいー
みんな
上手ね！
ウサギー
みみ！
ながいよ
ウサギって
ピンクかな？
ニンジン
すきなのかな？
わかん
ないー
！

ぼくもウサギかく!
わたしも!
おれもー

今日の事…おたよりに書いてみよう
おたより

数日後
プルルルル…

ガチャッ
はい もしもし
さきちゃんのお母さん! どうしました?
…えっ?

ウサギを2週間だけお部屋で飼いたい?
園長

ウサギの赤ちゃんがいるので飼いませんか? という連絡がありまして…
園で飼うのはいいけれどなぜお部屋で?

子どもたちがウサギに興味をもっているので せっかくなら直接ふれあったほうが学べるのではないかと思うんです
……

マメ先生のポイント

子どもがウサギに興味をもったことを、保育に生かしていこうとする姿勢がGOOD。それを保護者にも発信し、保護者が「ウサギを飼いませんか?」と声を掛けてくる関係性もとても良いです。保護者と良好な信頼関係を結べていることが分かります。

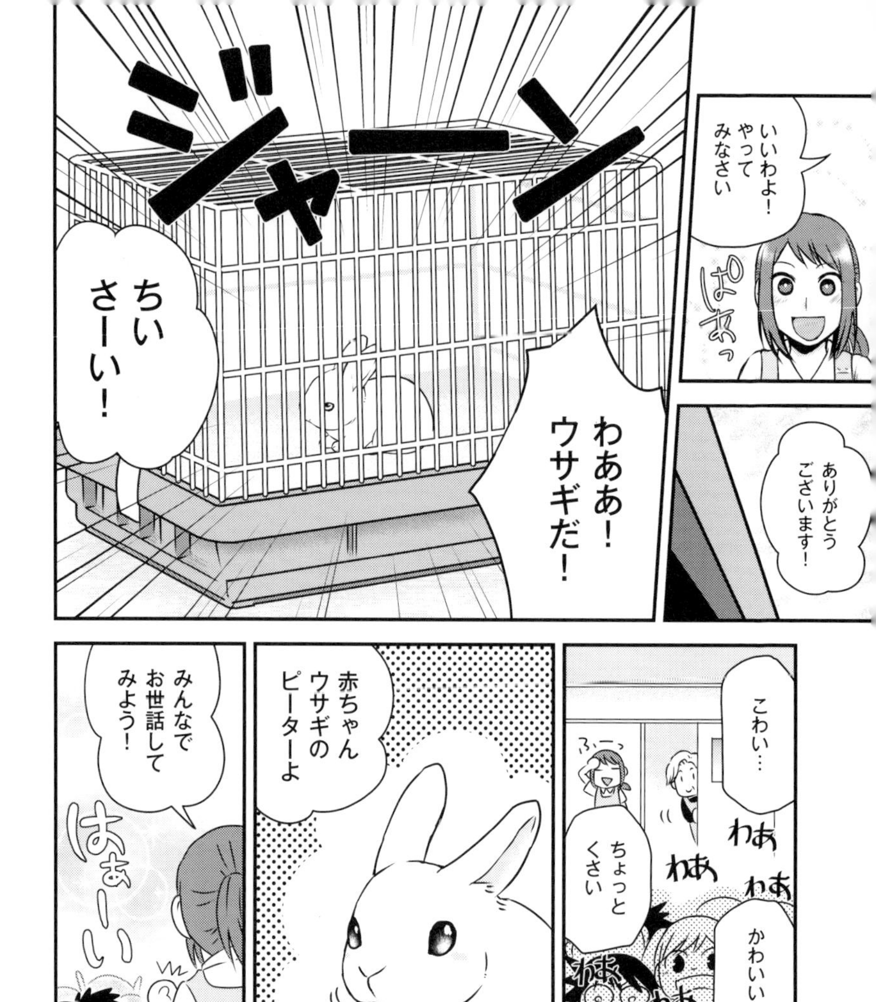

「ウサギを飼いたい」というみなこ先生の提案を受け入れ、支えてくれる園長先生もステキです。子どもたちの興味・関心が、重要な学びにつながることを、みなこ先生だけでなく、保護者も園長先生も理解していることがすばらしいです。
※アレルギーや衛生への配慮も必要です。

本物のウサギに出会うことで、子どもの興味・関心が更に高まったことが分かります。しかも、毛がふわふわしていること、目が赤いこと、しっぽがあること、口が小さく歯が出ていることなど、たくさんの発見が生まれています。こうした発見から、知的好奇心や科学する心が生まれるのです。

本物に出会い、「それを描いてみたい」という思いを通して、表現が変わってきます。子どもの感動が大きいほど、表現は豊かなものになるのです。だからこそ、子どもが本物に出会う経験が重要なのです。

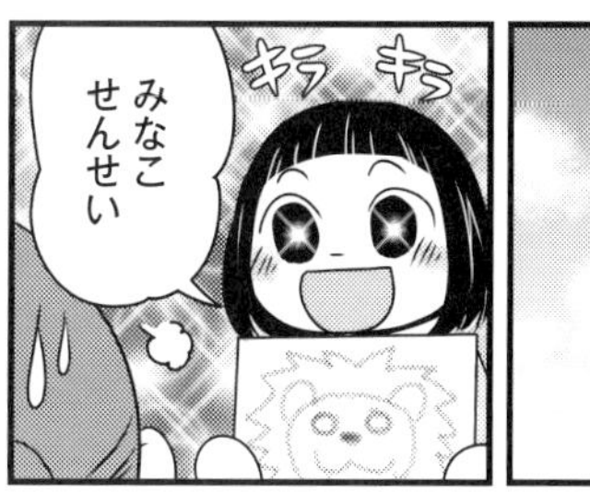

「図鑑・生き物コーナー」のヒントは
P.210 を参照してください！

現場を見てみよう

ごっこ遊びが広がった

手紙を実際に出す経験

園生活が少し安定してきた時期。地域に出向くのもいいですね。電車を見たり、消防署に行ったりなど、地域の社会資源を使いましょう。

お手紙に興味があった子どもたち。実際のポストに手紙を投かんしました。このことから、郵便配達の仕組みに興味が広がりました。

はがきを分別する機械を実際に見に行きました。この経験から、はがき１枚１枚を大切にする姿が見られるようになりました。

第7話

同僚と話してみよう

…
ボソ
ボソ
光田（みつた） みなこ
みなこ
せんせー
ボソ
ボソ
こっちこっち
ボソ
なあに？
コソコソ
すぴー
ピーター
ねてるの！
かわいいね
うん！
でも
シー！
先月から飼い始めた
子ウサギのピーターも
毎日元気です
キャハハハハ
くずれたー
!!
イイイイイイィ
先生が
見て来るからね
どうしたの？

「手作り玩具」のヒントは

P.209 を参照してください！

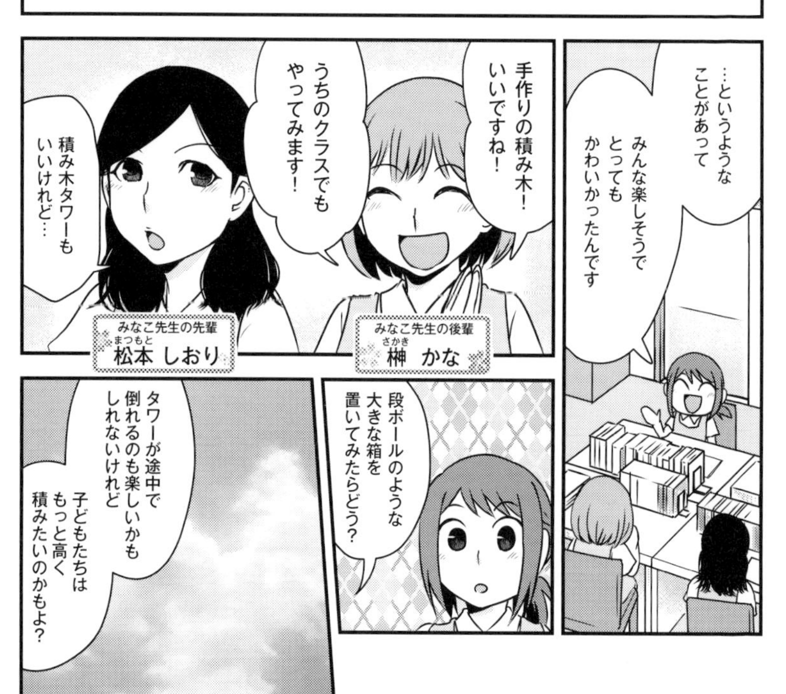

マメ先生のポイント

みなこ先生が、良かったと感じた子どもの姿を、他の先生に気軽に話せているのが良いですね。上下関係なく意見が言えて、職場の良い雰囲気を表しています。みんなで保育のことを一緒に考え、協力できる同僚性ができているのです。その背景にあるのは、保育者同士が互いに尊重し合う姿勢なのです。

…確かに
みんなで笑いながら遊んでいましたけど
最後のほう何人かは本気で積み上げたがっていましたね
もっかいもっかい！
てんじょうまでーー！
まだやるーー！

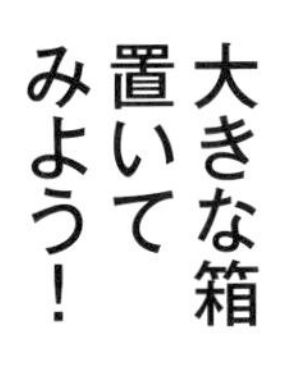

大きな箱置いてみよう！

ジャンジャーーン
ジャン
ジャン

みなこ先生は、子どもの興味・関心を受け、他の先生たちの意見も踏まえて、大きな段ボール箱を出すという新たな提案を行なっています。保育は、子どもも大人も「主体」です。だからこそ、このようにポジティブな姿勢が大切です。

新たな提案を行なうことには、リスクもあります。子どもたちは、本当は小さな空き箱で積むことにおもしろさを見出していたのかもしれません。そんなとき大切なのは、子どもの思いとずれたら、それを引っ込める勇気です。

今回、結果的には良かったようですが、提案したことで壊してしまったことがないかを、しっかりと見極めるのも大切な保育の仕事ですよ。

現場を見てみよう

ドキュメンテーションを利用

保育者間の共有

「写真入りの記録」を多くの園で取り入れ始めています。写真だと、親にも、子どもにも他の先生にも伝わります。先生自身も楽しくなってきますよ。

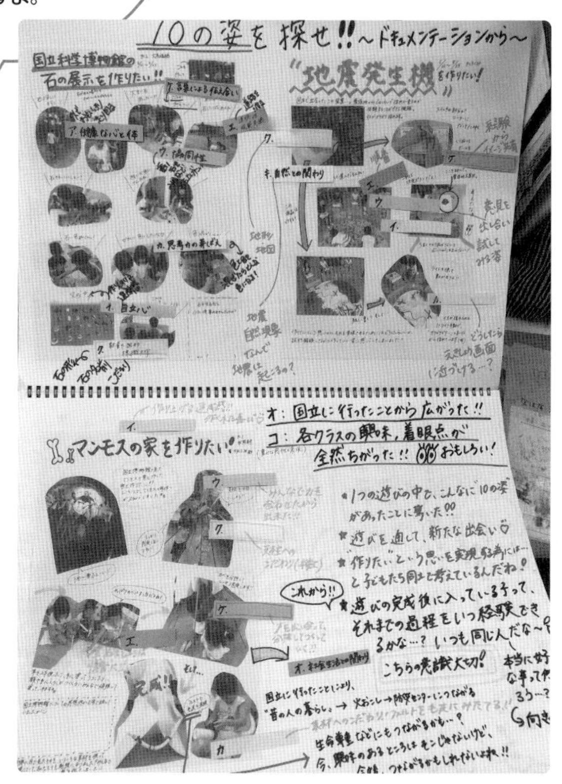

月ごとに作っているドキュメンテーションをカラーコピーして、スケッチブックに貼ります。月の振り返りとして、担任とフリー保育者で話し合いながら、「幼児期の終わりまでに育ってほしい姿」が表れている所に付箋を貼っていきます。このノートを見れば、他のクラスのこともよく分かり情報共有になります。

第8話

あなたは
どうしたい?

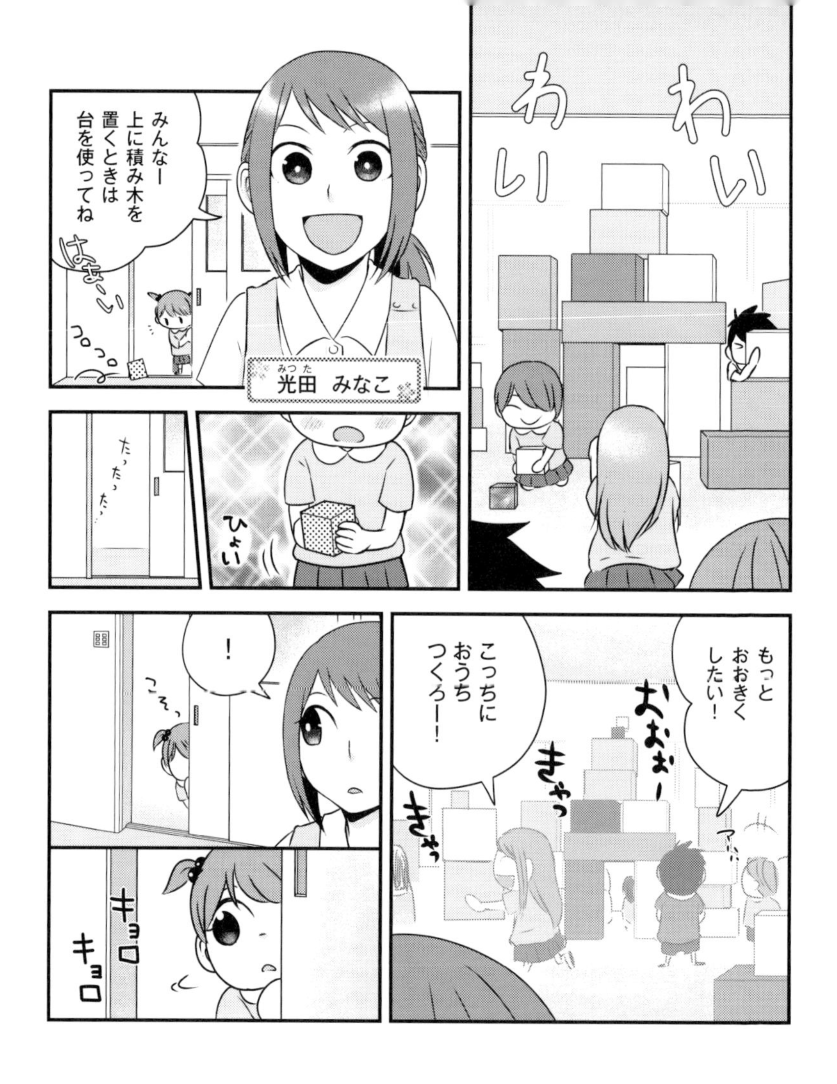

「手作り玩具」のヒントは

P.209 を参照してください！

わい
わい
そっ
フラフラ…
こそっ
ふー
隣のクラスの子ね
じぃー
こそこそ…
だっ!!
はっ

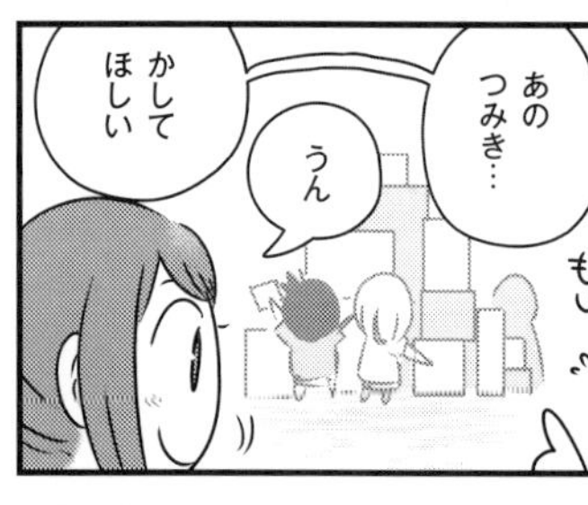

マメ先生のポイント

困っている子どもの様子を見ると、先回りして「これ、どうぞ」と言ってしまいがちです。でも、みなこ先生は「何か欲しい物があるの?」と聞いています。更に、「一緒に言いに行こうか?」と問い掛けています。みなこ先生の基本は「あなたはどうしたい?」という姿勢です。

「あなたはどうしたい?」を大切にする姿勢は、子どもをきちんと一人前扱いする関わりです。こうした関わり方が、子どもの〝自己決定する力〟を育てるために重要だと言われています。

ぱあああぁ
はい！
あとでかえしてね！
うん！
それからあとでいっしょにあそぼう！
うん！
にこっ
みなこ先生

クラスごとに保育を進めていると、どうしてもクラス主義になりがちです。でも、みなこ先生のオープンな考え方のおかげで「隣のクラスの物も使っていいんだ」という風穴があきました。クラスを越え、年齢を越えた交流があることは、多様な人間関係をつくる上でとても大切です。

現場を見てみよう

子どもの思いを引き出す
保育者の関わり

部屋に戻りたがらない子ども。しばらく遊んでいるうちに「おうまさん！」と言って四つばいになりました。保育者も一緒に「パッカパッカ」と馬になり切り、部屋に戻りました。無理やりではなく、遊びの延長として戻れました。

子どもの心の声を聴くことが大切です。きちんと受け止めてもらった子は自律的になっていきます。

泥だんごを作っている子どもたち。そっと近づくと、一人の男の子が難しい顔をしています。「どうしたの？」と聞くと、「うまくまるまらない…」とのこと。子どもの表情をよく見ていたことで、作りたくてもできないという思いを聞けました。

第9話 お泊まり保育に行こう

ドタ
ドタ
つぎはあっちのおへやをたんけんだ！
!
たんけん～♪
廊下走ったら危ないよー！
はーい
はやくあるくー！
光田（みつた） みなこ
探検か…
ふぅ
ねえねえみんな
ちょっと先生聞いたんだけど…
なあに？
？
夜になるとね…
園の周りで不思議なことが起こるみたいよ
ふしぎ…？
きいたことある！
こびとさんとかいるんだよ！
みんなで今度のお泊まり保育のときに確かめてみない？
だってその日はくま組さんしかいないんだよ
!!

マメ先生のポイント

お泊まり保育を単にカレーを作って、遊ぶだけでなく、いかに子どもの豊かな経験の機会に活用するかがとても重要です。みなこ先生は、子どもの「探検」への興味を拾って、それをお泊まり保育に生かしていますね。

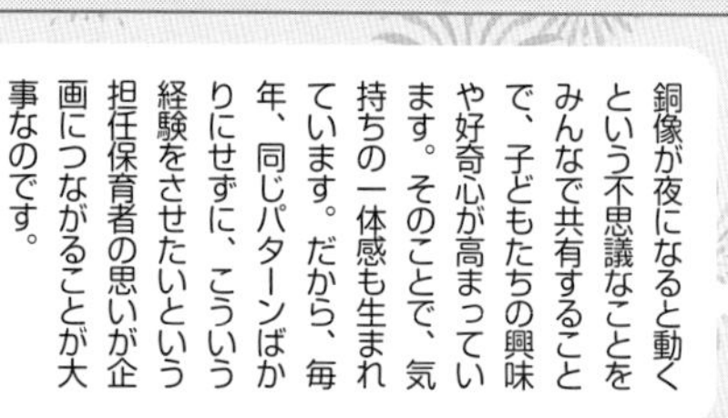

銅像が夜になると動くという不思議なことをみんなで共有することで、子どもたちの興味や好奇心が高まっています。そのことで、気持ちの一体感も生まれています。だから、毎年、同じパターンばかりにせずに、こういう経験をさせたいという担任保育者の思いが企画につながることが大事なのです。

翌日…
チュン チュン…
朝のお散歩行くよ～！
はあ～い
たっ
たっ
ワイ ワイ
あさすずしいし
ねむい…
ほんとかなー
きのうのぞう…
あっ!!
キラピカァ～ン
やっぱりはっぱないよ！
きれい！
わー
それは早朝に清掃員さんが…ふふふ
サッ
サッ
コソッ
すっ
あっ！お手紙があるよ
えっ！
みたい！みたい！

ペラッ
きのうも
きてたね
いつでも
きておくれよ
またきてって！
うんうん
あっ！
みてみて！
きが
きのうと
ちがう！
こんなねっこ
ここには
なかったよ
ゴクリ・・・
うごいた
んだーー！
わあっ！
こびとさん
いるかな？
あっちに
いるかも！
探して
みよう

つづく

この後も、盛り上がりが続くでしょう。それをどう拾うかも、大切な援助です。銅像に手紙を書くことが盛り上がるかもしれません。文字への興味を広げるチャンスです。お話作りに発展することもあるでしょう。その盛り上がりが、「協同性」の育ちにもなります。次の展開の可能性を、いくつも思い描いておくことも、豊かな学びへとつなぐ保育者の専門性です。

現場を見てみよう

夜の雰囲気を楽しもう

お泊まり保育の事例

年長のお泊まり保育の成功のカギは、当日までの子どもと何をするかの話し合い。「あれしたい」「これしたい」を話し合って、当日をワクワクさせたいものです。

ふだん楽しんでいる遊びを夜の暗い保育室でもやってみました。夜というだけで、雰囲気が変わり、ワクワクした様子でした。

みんなで力を合わせて遊ぼうとする姿が多くなってきた子どもたち。その姿を伸ばしたいと思い、夜のウォークラリーを企画しました。

第10話

子どもと一緒に楽しもう

ピュウウウ
ダダ
わっ!
今日
風強いなー
光田　みなこ
ボサア
きゃあ
ドサササァ
あ
かな先生
大丈夫?
みなこ先生!
すみません…
わー
榊　かな
どうしたの?
?
あー
みんな
拾うの
手伝ってー
ごめんね
はーい!
!
きょろ
きょろ
カサ
カサッ
スッ
ピュウウウウ
あっ!
まってー
ピュウ

マメ先生のポイント

子どもとの毎日の生活の中では、困った出来事もたくさんあるものです。袋が飛んでしまった場面では、「子どもはいいから、座ってて！」なんて言ってしまいがちですが、「みんな手伝って」と言うセンスが良い。更に、それを遊びにしてしまったのですから、さすがです。

ピュー
ごごご……
キャッ
キャッ
グワシッ
みんな！
一緒に袋を
追い掛けて遊ぼう！
おおおおおーっ
なるほど！
遊びにしちゃうのね
かなせんせー…
わっ！
どうしたの？
ぐすっ
ふくろ
つかめなかった…
ごめんなさい…
ぐすん
そんなの…
大丈夫だよ！
元はと言えば
私が散らかし
たんだし…
しゅーん

この経験から、子どもたちには「先生のお手伝いができた、役に立てた」という思いが残るでしょう。また、「みなこ先生と一緒にいると、いつも楽しいことが起こる」という信頼感も生まれます。もちろん、安全には十分に配慮しなければいけません。

次は
かな先生が
袋を飛ばす役ーー！
ちらっ
ガサササッ
みんな行くよーー！
キャッ キャッ
わぁーい
そろそろ
お部屋に戻るよー
はーい
ふー
汗かいたわー
ふーっ
風の強い日も
たまには
良いですね
みなこ先生は
すごいです
私だけなら
きっとあのまま
袋を放置していました

つづく

良い園の特徴は、先輩保育者が後輩のステキなモデルであることです。先輩が子どもの心に寄り添う保育をしていると、後輩もそれをまねていきます。ステキな先輩は、後輩を元気付けてくれます。駄目出しをせず、うまくいかなかったときに後ろからそっと支えてくれる存在です。

現場を見てみよう

どんなことも遊びに
困った！ を楽しく

雨の日でも外で遊びたい子どもたち。でも、雨…。保育室前のテントから落ちる水滴を見つけた子どもたちが、カップにため始めました。牛乳パックやバケツなど、様々な素材を用意して、水の音を楽しむ遊びに発展しました！

困ったときには、子どもに聞いてみよう。きっと良いアイディアをくれると思います。いつも、先生がすべておぜん立てしてあげなくてもいいのです。そのほうが子どもも育ちます。

畑の土が硬く、栽培ができない！　そんなとき、水遊びが盛り上がっていたこともあり、畑を耕しながらダイナミックに泥遊びをしました。

第11話

初めてのプール

カッ
暑い…
ガラッ
ミーン
ミーン
ミーン
ふ〜
キャッ
キャッ
光田（みつた） みなこ
イチ
ニッ
イチ
ニッ
かな先生の
クラスはプールかぁ〜
いいなし
準備
オッケー！
プールに
入ろうっ！
みなこ先生の後輩
榊（さかき） かな
わあああぁーっ!!
つめたいー
キャッ
キャッ
ひんやり
する
キャッ
おおきい
おふろだ！
プール
だよ〜
ばしゃーん
あははっ

どうしたら…

マメ先生のポイント

初めてのプール、いかにみんなにプールを楽しんでもらうかと考えがちです。でも、中には水がとても怖く感じる子どももいます。その子どもにとって、一斉にプールに入らされることは恐怖以外の何ものでもありません。「入りたくない」という気持ちを大事にすることが必要です。

プールに入らない子どもたちがいる
…か
大きなプールが怖いのかなって思うんですけど…
少しずつプールが怖いっていう気持ちがなくなるように
水に触れることが楽しいって思える
そんな経験から始めてみたらどうかな?
水に触れる…
楽しい…経験
うん例えば…
翌日
せんせーこれなあに?
ふふふ
ゴソ
ゴソ
おおーーっ!
じゃあーん!水遊びコーナーよっ!

「入りたくない」気持ちを大事に、でも、「水に親しんでほしい」という保育者の思いも大切です。ですから、たらいや水遊びの道具を用意するのは良いですね。「これなら楽しめる」と思う子どももたくさんいるでしょう。中には、それでも入りたくない子どもも。手を変え、品を変え、ゆっくり待ちましょう。

イチニッ
イチニッ
さあ
準備オッケー!
みんなプールに
入ろう〜
はぁーーい!!
あの子たち
今日も…
ちらっ
ちらっ
ワァ
ワァ
ぼ…
ぼくも
プールに
はいってみる
ゆっくりね
つめたい〜
!!
わっ…
わたしも!
わたしも
はいる
ギュッ
せんせい!
ぱあっ
ぼくも…

初めての経験を提供する際、「無理強い」は禁物です。嫌いになってしまいます。全てにおいて、その子にとって「楽しい」こと、「親しみやすい」ことを大切にしたいものです。できれば、一斉ではなく、少人数だと丁寧に関われるのでより良いですね。初めての経験は、遊びの「楽しさ」からです。

泳ぐだけがプールではありません。遊びにもつなげましょう。ただ、必ず、保育者がついて、安全を確保しましょう。

水の感触を味わう
プール遊び

潜水艦ごっこを楽しんでいた延長で、プールに作った物を持ち込みました。水の中に入るだけではなく、プールの別の楽しみ方を子どもたちが発見！　そこからプール遊びにつながりました。

まずは、水の感触を味わうことからスタート。水の楽しさを知ってほしいと思っています。

第12話

遠足を保育に生かす

マメ先生のポイント

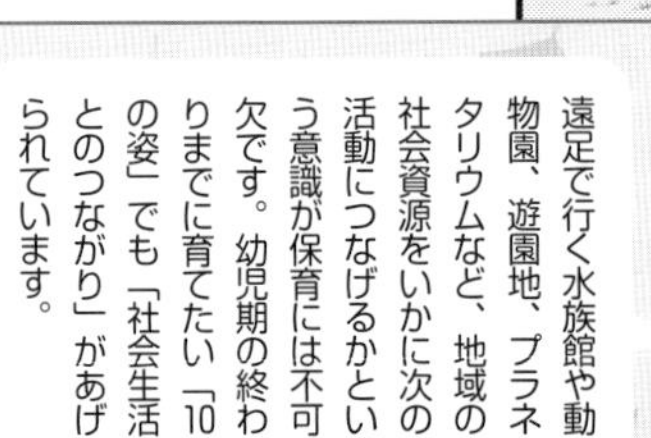
遠足で行く水族館や動物園、遊園地、プラネタリウムなど、地域の社会資源をいかに次の活動につなげるかという意識が保育には不可欠です。幼児期の終わりまでに育てたい「10の姿」でも「社会生活とのつながり」があげられています。

どこの園でも遠足などがあると思います。単に、遠足に行って終わりにするのは、あまりにももったいないです。みなこ先生は、水族館で様々な物を見た中でアシカショーが子どもの心を捉えていたことをしっかりと押さえて、翌日の保育で材料を提供しています。さすが、これが、プロの仕事です。

みなこ先生は、アシカショーに興味をもった子どもたちに必要な素材や材料、道具を出しています。これが、一斉の活動ではなく、自由遊びのコーナーとして提供しているのも大切です。だから、興味をもった子から始め、それが広がっていきました。一斉だと、どうしても「させられる」活動になってしまいます。

興味をもった子から始めると、どんどん新たな工夫やアイディアが生まれてきます。遊びの中であれば、個別のアイディアにも丁寧に応じることができるのです。みなこ先生が、子どもの必要に応じたリクエストに応えて、新たな素材や材料を提案しているのもとても良いですね。

「**素材の置き方**」のヒントは

P.212～ を参照してください！

うちのクラスの子たちも参加していいですか?
もちろん!

ねっ! みんな!

アシカショーはじまるよ!
はやくおいでよ!

わぁーっ
スポッ
キャッキャッ

今度は先生がアシカよ!
さあ! フープを投げてごらんなさい!!
どどん

スポ
スポ
スポ
スポ
みなこ先生…
スゴイ…
おおおおおお

つづく

現場を見てみよう

子どもの声から広げる
遠足から保育へ

遠足はただ行くだけではなく、その後にどういう遊びにつながりそうかを行く前に想定しておくことが大切です。

遠足で、動物園に行った子どもたち。保育者が動物の耳を色画用紙で作って置いておくと、「キリンになりたい！」との声が。そこから、動物園ごっこが始まりました。

プラネタリウムに遠足で行きました。そこから、自分たちでもプラネタリウムを作り、それを写真に撮って、プロジェクターで映して上映会をしています。

第13話

運動会で何する？

わい
わい
わい
わい
アシカショー
はじまるよー
わーい
パチパチ
キャッ
キャッ
光田　みなこ

それなあに?

おべんとうー!!
じゃーん
このまえ
こうえんで
たべた
おべんとうだよ
これ
たこさん
ウインナー!!

この前行った
遠足の!
わい
これ
ねんどで
つくったの
わい
これは
がようし
まるめて
きったんだよ
わい
上手ね!

さようならー

次の日

マメ先生のポイント

運動会というと、つい例年、同じような活動になる園も少なくないと思います。でも、子どもの興味・関心を生かした活動を取り入れると、決まっている活動よりも、積極的に自分の意見を言ったり、工夫したり、協力したりなど、意欲につながることが多いようです。

集まった場面などで、子どもの意見を聞き、それを子どもに「見える化」することが、とても大切です。自分たちの意見が書き出されることにより、自分の意見が大事にされていると感じさせることができるほか、子どもたちが自分たちの意見を共有しやすくなります。

みなこ先生、上手に子どもの意見を視覚的に「見える化」しています。書いたものを壁面に貼り出せば、翌日も自分たちでそれを見て、続きの活動をするなど、自主的な態度につながります。年長児であれば、ひらがなで書き、小さな年齢はイラストなどで描くといいですね。

「素材の置き方」のヒントは
P.212～ を参照してください！

みなこ先生の、子どものお弁当への興味を競技に取り入れる案、とても良いですね。子どもたちからずいぶん意見が出され、活気にあふれています。しかも、結果的には様々な体の動きが入るなど、内容的にもとても豊かです。

現場を見てみよう

試行錯誤をして…

運動会に向けて

ひとつでも、競技を子どもの意見を聞いて取り入れてみましょう。すると、練習が練習ではなく、楽しい場になります。

クリップで留めた袋の中に物を投げ入れ、先に落としたクラスの勝ち！　という競技をすることになりました。各クラス、様々な作戦をみんなで考え、紙に書き出し、盛り上がりました。

【作戦内容】

1組…巨大ボールを弓矢で投げる。恐竜で他のクラスを邪魔する。
2組…段ボール板で作った巨大手裏剣。
3組…きれいな流れ星ボールを投げる。お化けになって、他のクラスを驚かせる。

第14話

運動会を経て…

マメ先生のポイント

行事後に、保育の成果が見えるものです。行事がつまらなかったら、その後は一切やらないですから。運動会が楽しかったと感じた子どもたちは、その後の遊びにその刺激を発展させていきます。

応援団は、小学校見学から刺激を受けたようです。小学校との連携もこのように生かしたいものです。ぜひ、小学校との交流も積極的に行ないたいですね。

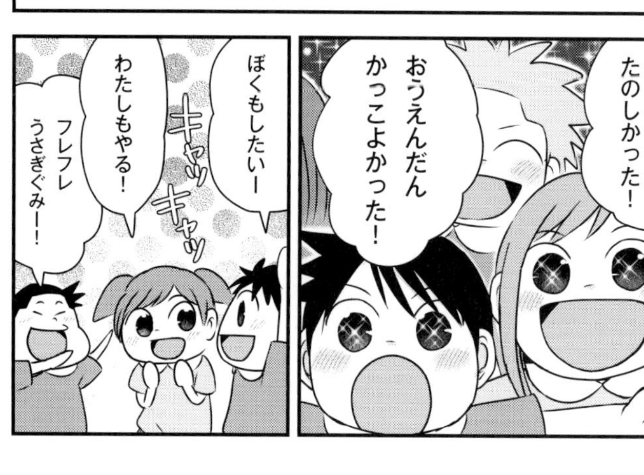

応援団のようなダイナミックな取り組みは、年下の子どもたちには大きな刺激です。ぜひ、「憧れ」の気持ちを生かしたいものです。場合によっては、運動会終了後、見せに来てもらったり、やり方を教えてもらったりするような交流につなげると良いですね。こういう場が異年齢交流のチャンスになります。

だいのうえでしたほうがかっこいいよ
わあっ
それなら大きい積み木並べてみようか
みなこせんせい!
これおいてー
これもー
せーの!
すうっ
フレー!フレー!りーすーぐーみ!
ピッ
ピッ
ピッ
がんばれがんばれうさぎーぐーみ!
ピッ
わあ!
かっこいい!
つぎぼくも
ワイワイ
わたしも!
順番にね
ポンポンつくっておうえんだんしたい!
おっ
チアダンス?
ちあだんす!
いいね
おいしかったね~
?

うんどうかいで
たべた
おべんとう!
たまごやき
おいしかった
おにぎりもー
遠足に
行ってからの
お弁当ブーム
まだ
続いてるな~
ポツリ…
わたし
おにぎりより
パンがすき
!?
パン?
おにぎり
きらい?
きらいじゃ
ないけど
パンがすきなの
パンは
ふわふわだし
たくさんしゅるいが
あるもん
ふるふる
……
もくもく
ビリビリ
ペタペタ
色画用紙?
このまえたべた
イチゴクロワッサン
バーン!
オ…オシャレ!
そしてリアル!!
すごーい
かわいいい!
わたしも
つくるー
わいわい
おれも!

つづく

みなこ先生が、運動会で子どもたちが何をおもしろいと思ったのかの声をしっかり聴いており、新たな環境を用意しているから、活動が発展したのです。だから、保育者は、行事が盛り上がってよかったで終わらないことが大切です。行事で何が楽しかったのか、次にどう遊びが広がるかを探っていきましょう。

まだまだ続く

運動会を保育に

本当に運動会が楽しかった園の子どもは、運動会後が盛り上がります。年長の踊りに憧れる小さい組の子どもたちなど。ぜひ、そうした盛り上がりを親にも伝えていきましょう。

試行錯誤しながら行なった運動会(P.108)。
運動会が終わっても新たに道具を作って試しています。探究は続きます。

5歳児が運動会で披露した旗の踊り。
それがかっこよくて、4歳児もやってみました。

第15話

絵本から保育を広げよう!

「絵本コーナー」のヒントは

P.211 を参照してください！

マメ先生のポイント

絵本を読むことで関心をもたせるというこのやり方も良いですが、場合によっては、子どもがヨモギの葉を採って来た後で絵本を読む、という順番の方がより深めるかもしれません。科学的好奇心を深めるためにも、上手に科学絵本や図鑑を活用したいですね。

みなこ先生の保育は、子どもの声や要望を聞き、実現につなげようとしている点がすばらしいです。絵本や図鑑を用意するだけでなく、実際に外へ出向いたり、材料や道具を使って作ってみたり、子どもが植物を育てやすいようにカップを用意したり。こんな先生だったら、子どもたちも楽しいでしょうね。

ぐつ ぐつ ぐつ
丸めただんごを ゆでて

ジャーン
あんこも一緒に…
できあがり!

わあっ
すごい!
いただきまーす!

パクッ

おいしい!!
びくっ

ワイワイ
キャッキャッ
わぁー
もっとー
あははは
それからしばらくは
園では毎日のように
泥だんご作り…
ヨモギだんごだよー
コロコロ

みなこ先生、絵本や図鑑を保育の中に上手に生かしています。絵本からヨモギだんごへの関心が生まれていますね。その後も、植物への関心を生かして植物図鑑を用意しています。このように、絵本や図鑑は子どもの興味・関心を生み出し、更に深めていくうえでとても有効です。

「これをしたいと思えば、実現できるんだ」という成功体験は、自信（自己肯定感）につながります。みなさんは、子どもの思いを実現できる保育をしていますか？

現場を見てみよう

落ち着ける場に

絵本コーナー

子どもが遊びなどで興味のあるテーマの絵本や図鑑を用意しておきましょう。どんどんイメージを広げ、たくさんのアイディアが出てきます。知的好奇心や想像力、言葉やコミュニケーションの育ちにもつながります。

その時の子どもたちの興味・関心のある内容の絵本や図鑑を絵本コーナーに用意しています。

恐竜の図鑑を参考にして、みんなで段ボール箱でアンキロサウルスを作りました。

第16話

情報発信をしよう!

「掲示の工夫」のヒントは

P.214〜 を参照してください!

マメ先生のポイント

子どもが夢中なことが視覚的に伝えられると、家でも話題になります。家族で話が盛り上がり、更に興味につながるのです。また、家で買った図鑑を持ち込むなど、園と家庭がつながることも十分に起こります。それがきっかけで保護者は園の理解者(ファン)になり、園での活動も一層盛り上がります。

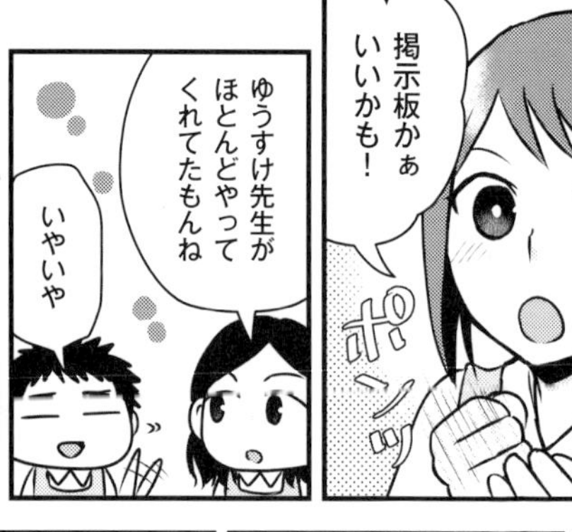

今回のような写真を使った情報発信は、保護者をファンにするのに効果的です。あまり凝った作りにはせず、5分くらいでまとめることができる、写真1枚に簡単なコメントを添える程度のものでいいですよ。

このような発信物で注意したいのは、「クラスの子どもたちの写真を出す」ことを意識しすぎて、何のドラマもない、ただの集合写真みたいな内容になってしまうことです。保護者からの反応がないときは、このパターンが多いようです。大事なことは、保育者の心が動いたエピソードを書くことです。

みなこ先生は、たくまくんのことに焦点を当てて記事を書いていますよね。これが大事です。記事に出ていない子どもの保護者には、「直接聞いていただければ、たくさんお話ししますよ!」と、ふだんから伝えておけばいいのです。みなさんもぜひ、チャレンジしてみてください!

せんせー!!
たくまくん
おはよー

おかあさんに
くさのほん
かってもらったのー
おおっ!
よかったね
ジャーン
しょくぶつ
ずかん

せんせ!
きのうの
かえりみちに
おかあさんと
みつけたの

これは…
何の草だろう?
ぼくしらべる!
しょくぶつ

これはねー
おーっ

後日

最近笑いを取りに
いっていますね?
書き直しましょう
ギェー
編集長になってる…
つづく

実際に体験！

保護者への情報提供

写真で子どもの姿を発信している園では、親が園の理解者になっています。ポイントは、子どもにはこんなに力があるってことが分かるように作ることです。

リラクゼーションサロンを開店！　保護者に参加を募って、子どもたちがマッサージをしました。

子どもたちが、マッサージに興味をもって、体のことを研究していました。“子どもが楽しんでいること”＋“遊びの中で学んでいること”を実際に見たり、体験したりしてほしいと思い、企画しました。

第17話

保護者との関わり

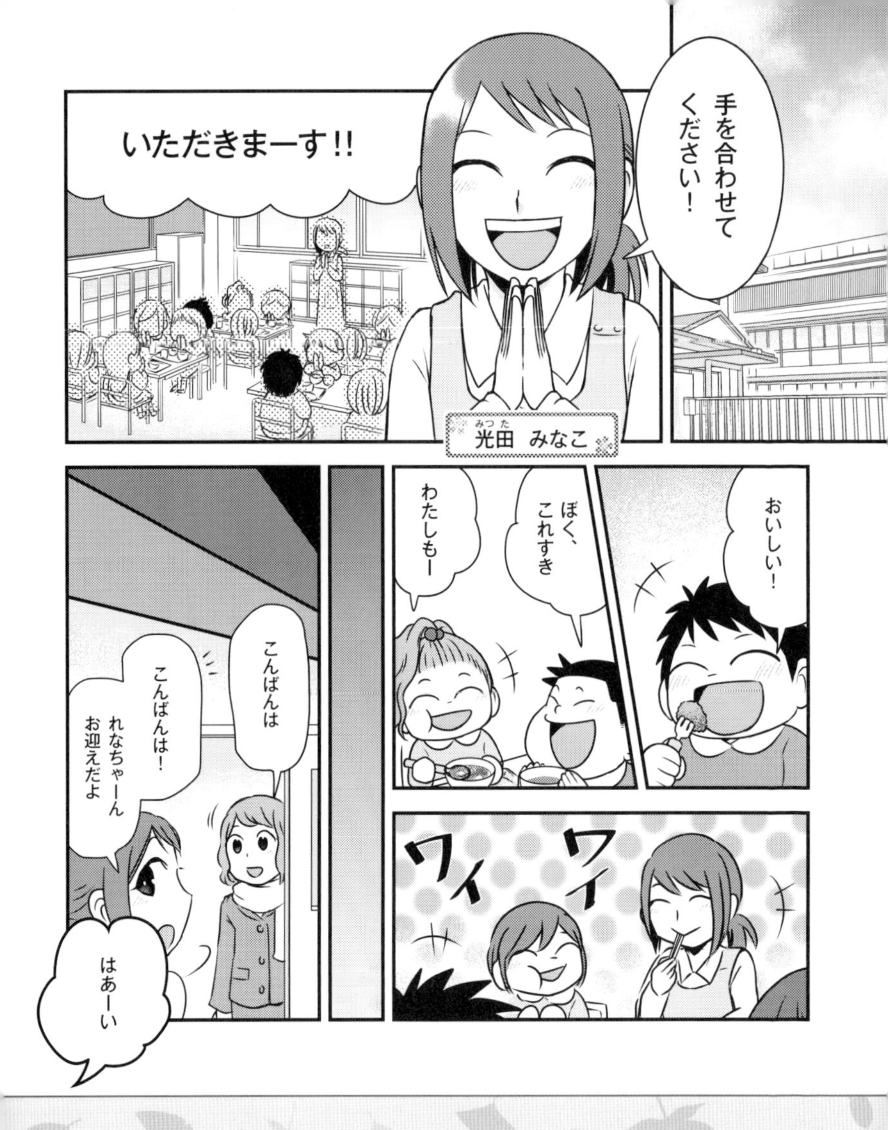
手を合わせてくださいー！
いただきまーす!!
光田 みなこ
おいしい！
ぼく、これすき
わたしもー
ワイワイ
こんばんは
こんばんは！
れなちゃーん お迎えだよ
はあーい

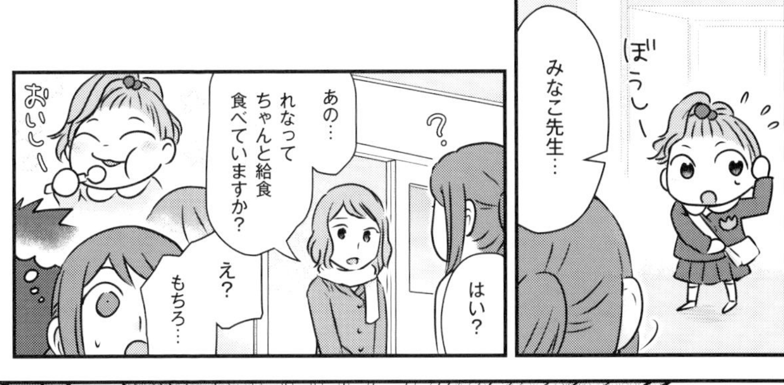

マメ先生のポイント

そもそも「うちの子、家では食べないんです」って相談をしにきてもらえるということは、ふだんから保護者からの信頼を得られているということです。

家では
食べない…か
給食のときは
もりもり食べて
いるんですよ
今日も
みんなと一緒に
たくさん…
……

栄養士さんに
レシピを聞いて
れなちゃんの
お母さんに
伝えてみたらどう?
栄養士さんに?
もしかしたらだけど
お母さんの料理に
苦手な味があった
のかもしれないし
給食は
みんなと一緒だから
楽しくておいしい
のかもしれない

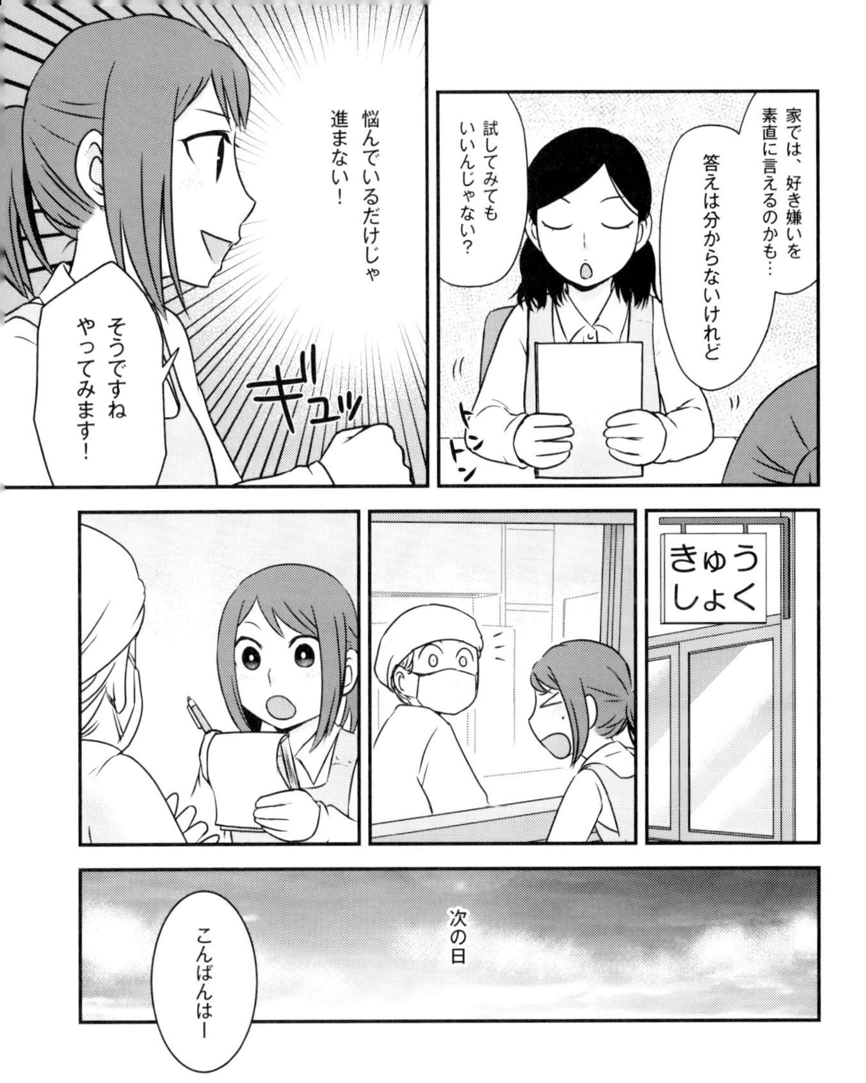

子どもへの関わりや保護者との連携・支援を考える場合、自分一人で対応するのではなく、園内の同僚や職員と連携して対応することが大切です。みなこ先生の場合、同僚のアドバイスを得て、栄養士さんと連携して対応しているところが良いですね。

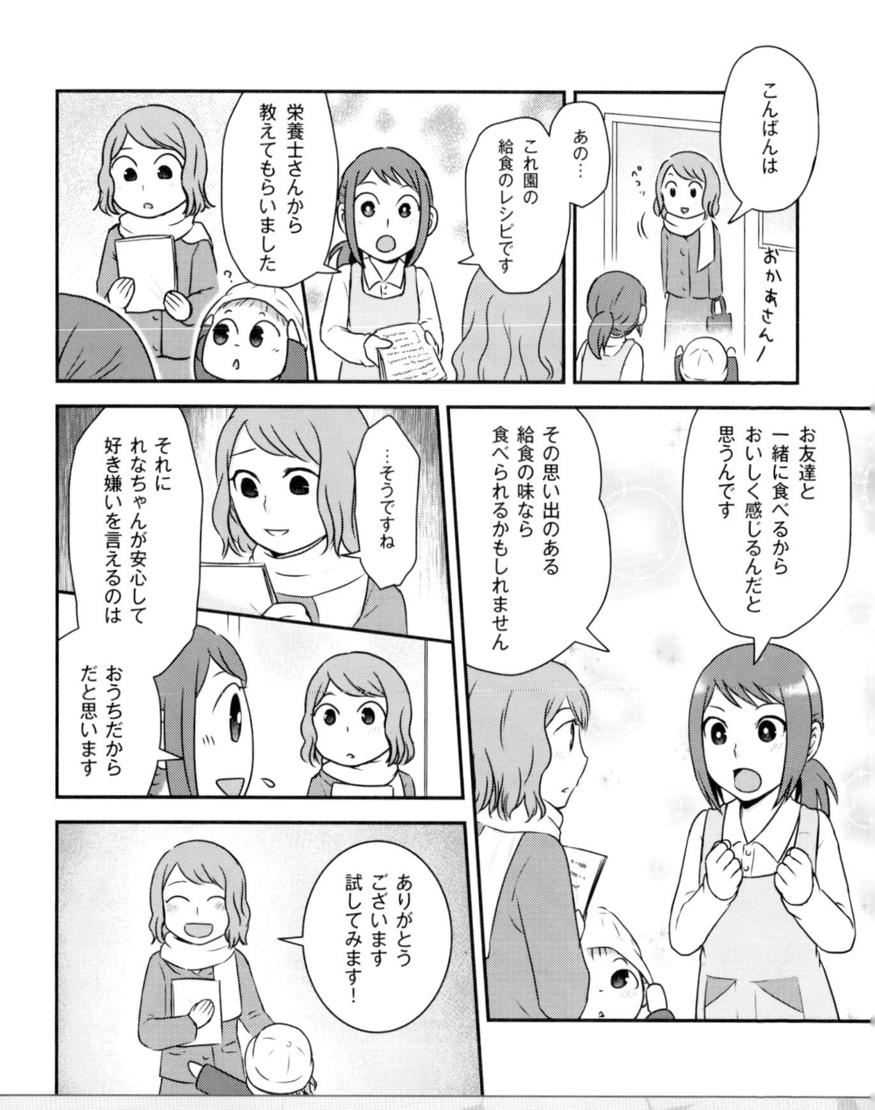

「お母さんだから、好き嫌いが言える」と保護者を元気づけるようなことばがけもさすがです。でも、それだけでは悩みを解決できません。だからこそ、具体的な方法を一緒に考えることが大切です。「親はこうあるべき」ではなく、保護者の目線に立って向き合う姿勢が、保護者支援のプロとして重要です。

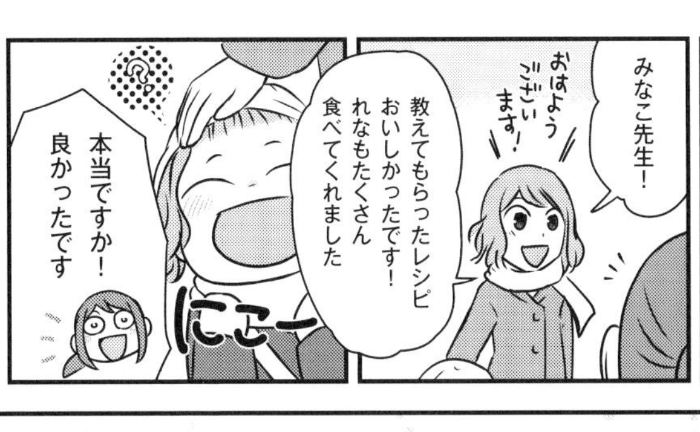

子どもへの関わりでも、栄養士さんや調理師さんが食事場面に出て来て、「今日の給食は、実はこんなふうに作ったんだよ」なんて話があると、嫌いな食べ物も食べてみようと思うこともあります。園内のたくさんの大人たちを保育や保護者支援に巻き込めるといいですね。

現場を見てみよう

子育てのヒントに

保育参加

これからは、保育参観ではなく、「保育参加」の時代。親にも参加の仕方をしっかりと伝え、子どもの育ちや保育を体感してもらいましょう。そうすることで、遊びが学びであることや、保育者の仕事が理解できるのです。親に理解者になってもらうチャンス。事後の意見交換もとても大切です。

子どもたちの今楽しんでいる遊びや、ふだんの姿を保育参加で実際に見て、感じていただく機会をつくっています。子どもたちの姿だけではなく、担任の関わりも見てもらっています。

異年齢児の関わりの中で、様々な刺激を受けている姿も見ていただきます。写真は、レストランごっこをしているところです。

第18話

クリスマスを楽しもう

マメ先生のポイント

クリスマスは本来、キリスト教の行事ですが、現代の日本では宗教に関係なく、一般的に親しまれています。でも、園で行なうのであれば、教育の場で行なうのだから、クリスマスの意味をきちんと考えて子どもたちに経験させたいものです。

どんなブーツだったらいいと思う？
はいっ
ピカピカしたブーツ！
きんいろのおりがみつかう！
わたしはかわいいブーツ！
ハートとリボンかくの
わたしもハートかく！
ぼくはあかいブーツ！
サンタ
だってサンタさんのふくあかいもん
ほんとだー
みんな好きなブーツを作ってみてね
はーい
せんせーおりがみほしい
はいはーい
みてみてー
ワイ ワイ
おお！かっこいいね～
ツリーや飾りも作ろー
みんなはクリスマス会に何がしたい？

おうた うたいたい!
ぼくも うたう
うんうんっ!
そとで おいかけっこ したい!!
また きょうそう したいな
おべんとう きょうそう!
ねえねえ
チームで わかれて うたうのは?
おうたの きょうそう?
いいかも!
ワク ワク ワク ワク ワク
サンタさん くるかな?
コソッ
ゴソゴソ
クリスマス当日…
あっ!
ぼくの ブーツに なにか はいってる!
もこっ

みなこ先生は、サンタクロースが来ることの意味を、「一人ひとりの子どもの個性を、サンタさんはちゃんと分かっているよ」というメッセージとしました。みんな、サンタさんは、自分のことを分かってくれているということをとても喜んでいます。これこそ、本当のクリスマスプレゼントですね。

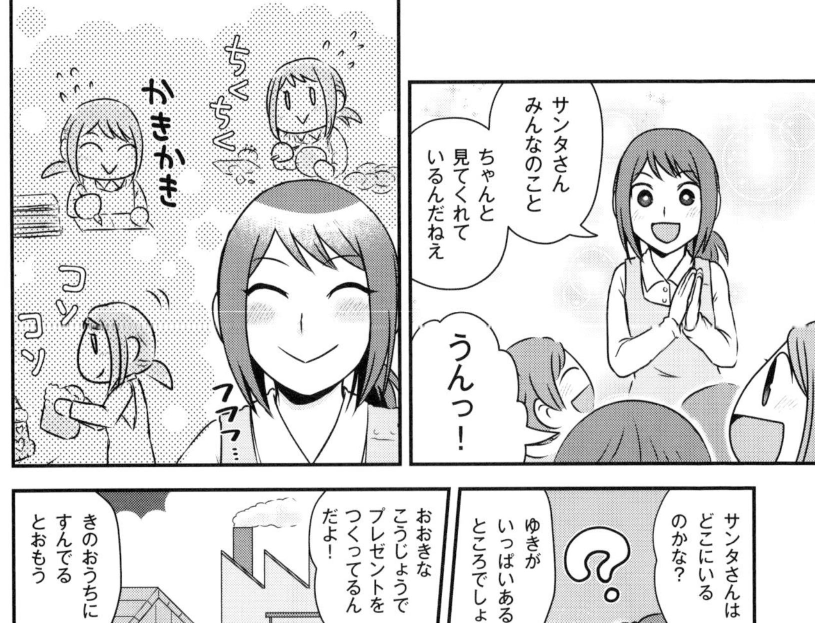

サンタさんは
どこにいる
のかな?
ゆきが
いっぱいある
ところでしょ

多くの園では、サンタさんが登場して、「楽しかったね」で終わるのが一般的です。ところが、みなこ先生は、サンタクロースを登場させないことで、「サンタさんってどんな人?」と子どもたちの問いや探究、想像を膨らませています。ここが、重要です。

サンタさんのことを説明するのではなく、問い掛けることで、子どもたちがどんどんイメージを膨らませています。だから、子どもたちがワクワクして、イメージを語ったり、議論をしたり、描いてみようという創造力にもつながったりしているのです。サンタさんをどう投げ掛けるかは、先生次第ですね。

現場を見てみよう

子どもと考えた

クリスマスといえば

クリスマスは「待ち望む」ことを大切にする日。だから、クリスマスのお話の絵本を読んでもらったり、ツリーや壁面に飾る小物を作って静かに待ったりするのもいいですね。

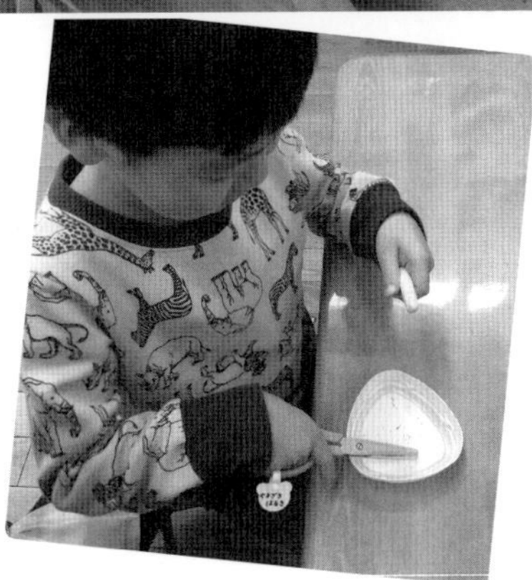

子どもたちと「クリスマスといえば…？」と話し合うと、「サンタさん」「ツリー」「キャンドル」などの答えが。「作ってみたい物ある？」と聞き、キャンドルを作ることに決まりました。欲しい材料など、子どもたちが調べて、その意見を取り入れて作りました。

第19話

すぐに手が出てしまう子

マメ先生のポイント

手が出てしまう子って、悩ましいですね。「○○ちゃん、また」なんてつい言ってしまいます。でも、その子にも理由があるのです。「手が出る子」と見ると、否定的にしか見られなくなりますが、「理由があるのでは？」と考えれば、温かい目で見られます。そうすると、その理由が見えてきます。

こんばんは
こんばんは！
れおくーん
あの…れおくん
今日もお友達を
たたいてしまって…
えっ
実はれお… 妹が
生まれてからよく物を
投げたりするんです…
！

もしかして
寂しくて自分の思いを
抑えられなかったんじゃ…！

お母さんを妹さんに
取られたみたいで
寂しいのかもしれません
様子を見ますね
「大好きよ」って
抱きしめて
あげてください
ペコッ

でも
また誰かをたたいてしまう
かもしれない
そのとき
どうしたら…
トボトボ
かな先生
こんばんは

ニコッ
大豆生田先生！
こんばんは
おおまめうだ ひろとも
大豆生田 啓友
浮かない顔
ですね
実は…

なるほど…
よく手が出る子なんですね
聞いてみても何も答えてくれなくて…
お母さんを取られたみたいな寂しい気持ちから
たたいたり物を投げたりするのかなって思ったんですけど
その子なりの理由があって手を出してしまうのでしょう

感情的にならず冷静になってゆっくりと
その子の思いを聞いてみることが大切です
先生が信頼できる人だと分かってくれたら
きっと本音を打ち明けてくれますよ

信頼…！
…はい！
次の日

ここでは、れおくんが理由を打ち明けてくれました。温かく自分を見てくれる大人を、子どもは信頼するのです。だから、かな先生に話してくれたのかもしれませんね。

この事例、更に良いことが生まれました。まなみちゃんが、「れおくんのても、いたかったでしょ？」と言ったのです。すごいですね。先生がその子に対して、否定せずに肯定的に関わると、周囲の子どももその子に肯定的に関わる姿が見られることがあります。先生の存在は子どもにとってモデルです。

トラブルを起こす子どもに対して先生が温かく関わることで、他の子も同じように関わろうとする雰囲気が生まれます。共感が共感を生み出し、その子と周りの友達の関係を変えたのです。かな先生の関わりに、「いいね!」のエールを送ります。

現場を見てみよう

気になる子どもとトラブル

子どもの思いを大切に

保育者に思いを代弁してもらえることで、相手にも思いが伝わるし、その子どもも分かってもらえているという実感がもてますね。

Aくん(左)がスキンシップのつもりでBくん(右)の体に触れました。でも、Bくんは「おした!」と過剰に反応してトラブルに。保育者は感情が抑えられないBくんに、Aくんの気持ちを伝えつつ、Aくんにも、急に触られてびっくりしたことを伝えています。

Cくん(左)が、粘土を横取り。なかなか人の気持ちが理解できないCくんに、Dくん(右)は、何度も嫌だった気持ちを伝えました。Dくんと保育者とも話し合って、徐々に気持ちを落ち着かせていきました。

第20話

作品展って？

ワイワイ
ワイワイ
今度の作品展のテーマ…
何にしようかな
たたたっ
光田(みつた) みなこ
にんぽう…
ダッシュのじゅつ！ エイッ！
だっ
ぼくも！
!
忍者ごっこ？
くもがくれのじゅつ！
ガバッ
どこにいるんだ？
エイッ
しゅりけん
エイッ
シュッ
シュッ
ポリ袋
ポトッ
みつけたぞ！
わあー
ぴゅ〜
ぼくもにんじゃしたい〜
いれて〜

マメ先生のポイント

子どもの姿から次の計画を考えるのに、保育ウェブという方法があります。「忍者ごっこが流行っているな」と思ったら、「忍者ごっこから、次にこういう展開が生まれるかもしれないといくつか予想します。そのために、「こういう環境を準備すれば、盛り上がるかも」と考えて、書き足していくのです。

行事って、例年と同じ製作にしたり、保育者から一方的に活動を決めることになったりしがちです。でも、みなこ先生は今年の作品展、子どもの遊びの姿（興味・関心）からテーマを決めています。だから、子どもはワクワクと興味・関心をもっているのです。

うんっ
やるっ

せんせー
みがわりのじゅつのにんぎょうつくりたい
ぎゅうにゅうパックでつくれるかな？

牛乳パック！いいね作ってみようか
うんっ
布巻いてみよう
うではわりばし！
いいかも

最後に顔を描こう
かっこいいかおにする！
かき
かき

できたぁ！
ジャーン

「素材の置き方」のヒントは

P.212~ を参照してください!

うーん
……
みんな上手ね
もっとかわいくしたい
ほんものみたいにしたいの
それなら近所のアクセサリー屋さんを見学させてもらおうか！
アクセサリーやさん!!
うんっ!!
パアアァッ

今回のみなこ先生の例を保育ウェブの形にしてみましょう。左ページの図のようになります。「絵本」から忍者屋敷につながるかな、アクセサリー見学に行ったらよりアクセサリー作りが盛り上がるかも…と予想して書き足してみましょう。

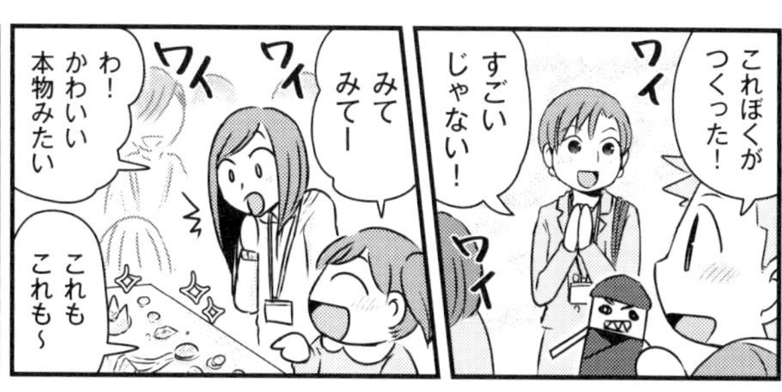
これぼくがつくった！
ワイ
すごいじゃない！
ワイ
みてみてー
ワイ
ワイ
わ！かわいい本物みたい
これもこれも～

製作中の写真も展示しています

絵本を見て調べたのね
ワイ
アクセサリーのお店にみんなで行ったんだ
そうだよ
ワイ
おみせがキラキラしてたの
ワイ
ワイ

フフッ
みんな良い顔してる
あらら
えのぐまみれ
ぎゅっ

作品展お疲れ様でした～
ふぃ～っ
あれ？どうしたんですか
セカセカ
来月は発表会でしょ！
早めに準備しないとね
忙しそう…

はっぴょう…

発表会!!
ハッ
まだ何も決めてない
つづく

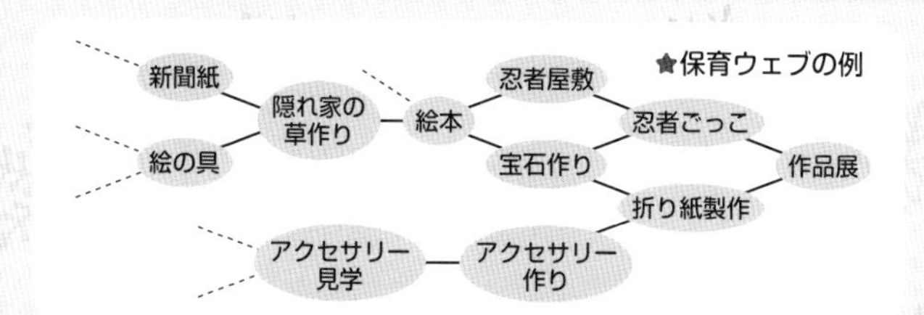
★保育ウェブの例
新聞紙
絵の具
隠れ家の草作り
絵本
忍者屋敷
忍者ごっこ
宝石作り
作品展
折り紙製作
アクセサリー見学
アクセサリー作り

現場を見てみよう

どんな仕事をしてみたい？

お店やさんごっこ

「どんな仕事をしてみたい？」というテーマから、お店やさんをすることに。車のおもちゃや花などを作りました。相手(お客さん)の気持ちを考えて作ることを大切にしました。

作品に先生のコメントがあるなど、子どもの製作の思いが見えるといいですね。当日、実際の製作活動を見せるというのもオススメです。まさに、親を巻き込んだライブ感覚で。

当日の様子

第21話

ドキドキの発表会

作品展が終わり…
今度は発表会です
発表会…
忍者ブームは
まだ続いているし
よ～し…
にんじゃー！
しゅりけん！
キャッ
キャッ
キャッ
しゅしゅしゅしゅ
光田　みなこ
もうすぐ
発表会だね
みんなで
忍者の劇を
しない？
えぇっ
げき？
するー！
どんな
お話にしよう
う～ん
そういえば
みんなが作った
忍者の人形…
いろんな
色の服を
着てたよね？
ぼくのは
むらさき
わたしは
ピンク！
くろだよ！
あかー

マメ先生のポイント

発表会って、先生が決めた活動をさせて、練習させるだけでは、子どもの主体性や意欲は育ちません。子どもが興味・関心をもっている活動を生かすことが大切です。全て、子どもに聞かなくても、子どもが興味をもっていることであれば、先生から「忍者の劇をしない？」と提案するのもいいですね。

まず忍者を紫とピンクと赤と黒
赤
紫
黒
ピンク
4つのグループに分けて
グループごとに得意技を決めてみない？
とくいわざ！
うん！
きめるー
よ～し！
どんな術を使いたいかみんなで紙に描こう
ペラッ
はぁ～い
てからひをだしたい！
ぶんしんしてみたい！
そらとびたい！
わい
わい
わい
わい
わい
わい
メロメロにするんだよ
ふむふむ
ぼくはこおらせてみたい！
みんなの意見をまとめると…

紫忍者はお菓子作りが得意でそのお菓子を食べると
体がカチコチになったり笑いが止まらなくなったりする
赤忍者は火を出せて火のように速く動ける
ピンク忍者はダンスが得意で相手をメロメロにして眠らせる
黒忍者は変身ができるし隠れ身の術も使える
ここからお話を組んで…
ハイハイッ！
わるいやつやっつける！
なかまをたすけるのは？
いいね
どろぼうにぬすまれたたからものをとりかえすの！
たからもの！

劇は子どもがなり切る経験や、友達と一緒に何かをやり遂げる経験、自分の言葉で表現するなど、作品展とは違った経験の場になります。そのため、ブームを生かすのは、良いアイディアです。子どもたちからたくさん意見が出ていますね。おそらく保護者にも伝わるものが大きいでしょう。

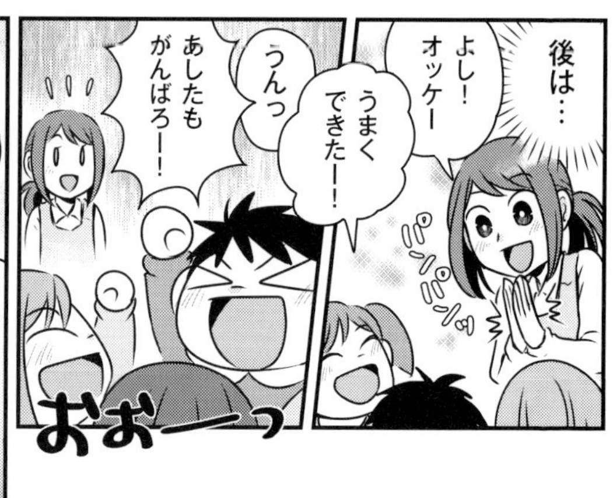

みなこ先生、子ども主体の劇を上手に進めています。ただ、保育者側から全て提案する劇ではなく、子どもの意見を取り入れて劇をつくっていくのです。みなこ先生は、子どもの意見を一通り聞いて、それを上手に整理しています。

発表会当日
ザワ
ザワ
ザワ
ザワ
…次はくま組さんの劇です
「カラフル忍者」
シャーーーーッ
うっしっし
ピンク忍者と宝物をいただいていくぞ
ドン
泥棒役（みなこ先生）
プーッ
泥棒にピンク忍者と宝物を盗まれてしまいました
たすけてー
きゃあああああ
赤忍者たちが一生懸命探しています
ワッ
どろぼうはどこだー
どこだー
ピンクにんじゃーー！

一方
捕まってしまった
ピンク忍者たち
泥棒の隙をついて
ダンスを踊ります
メロメロの
じゅつ！
わ～
何だか
眠くなって
きたぞ
泥棒を
メロメロにして
眠らせることに
成功しました
ぐぅ
ぐぅ
たすけに
きたぞー
ピンクにんじゃ
だいじょうぶ？
うん！
赤忍者と紫忍者が
助けに来ました
ねてる！
たからものを
さがすぞ
ムズムズ…
ゴソゴソ
わ！
何だ
お前たち
ハッ
泥棒が起きて
しまいました
まてっ
きゃあ
そこまでだ！
えっ？
どこから声が？
キョロ
キョロ
ガシッ
ここだ！
バアーン
!?
何と黒忍者が
隠れ身の術で
隠れていました
トントン

子どものアイディアだけだと、何の話か分からなくなってしまうことがあります。だから、子どもの意見を踏まえて保育者が物語の筋をつくり、そこに細かな子どものアイディアや様々な子どもの出番をのせていくようにすることも大切です。そうすることで、見ている保護者や、他の年齢の子どもたちにも魅力的に伝わるのです。

発表会の内容で 保育が発展！

発表会では、子どもたちがふだんから楽しんでいた海賊ごっこをテーマに、悪くなってしまった恐竜を元の優しい恐竜に戻すというストーリーで楽しみました。その簡易版を「映画館で見せたい」という子どもたち。ステージと客席を作って、楽しんでいます。

発表会は少しだけでも、これまでに盛り上がった遊びや、子どもの意見などが反映された内容になるといいですね。だから、発表内容を決める子どもたちとの話し合いが不可欠です。話し合いを通して、考える力、話をしたり聞いたりする力、創造力など、重要な育ちの機会にもなります。もちろん、先生の「交通整理」は必要です。

第22話
卒園式に向けて ❶

3月…
それは別れの月
そして…
ん？
光田　みなこ
あれは…
うちの
クラスの子と
年長組の子？
キャッ
キャッ
あ！
せんせい
ピーターの
おせわのしかた
きいてるんだ
おうちで
ウサギ
かってるから
おしえてたの
そうなんだ！
ありがとう
先生にも
教えて～
いいよ
あのね…

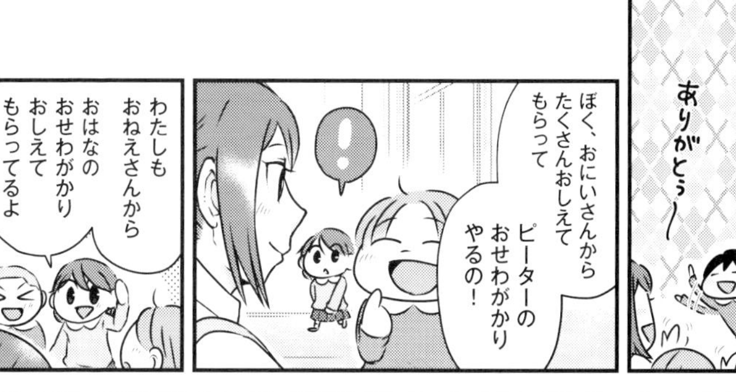

年長組が卒園する日が近づくにつれ…

次は自分たちが年長組になるということを

段々と実感しているみたい

マメ先生のポイント

卒園式が近づき、年中組が年長組の役割を引き継ぐ取り組みはとても大切です。年中組にとっては、自分たちが大きくなった実感や、これから自分たちが最年長としての役割を担っていく意識をもつ大切な機会となります。そのため、当番などの引き継ぎは丁寧にやりたいものです。

実際に親しい年長組が手取り足取り年中組などに教える取り組みは、年長組への憧れと親しみをもたらします。だから、年長組の○○くんへの感謝を表現したいという姿が生まれてくるのです。引き継ぎの機会が一斉ではなく、個々の子どもが関わり合う姿を工夫したいですね。

卒園式当日…

年長組への思いの言葉など、子どもの意見を聞いたり、その思いを作品にしたりするのも良いですね。園の規模が大きいと難しいかもしれませんが、できれば、あまりまとめすぎてしまわずに、〇〇ちゃんの実際の言葉が出てくるような式になるといいですね。

そつえんおめでとう
ぞうぐみの
おにいさん
おねえさん
いろんなことを
おしえてくれて
ありがとう
ございました

ピーターの
おせわ
がんばります
おはなの
おせわも
がんばります
おもちゃを
かしてくれて
ありがとう
ございました
いっしょに
たくさんあそんでくれて
ありがとうございました

ぼくたち
わたしたちも
おにいさん
おねえさん
のように
やさしくて
かっこいい
ぞうぐみさんに
なります!

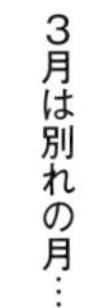

つづく

卒園式はとても感動的な場です。ただ、保護者も参列し、式でもあるので、きちんと形式的にやりたいという考え方もあるでしょう。しかし、その一方で、子どもたちの成長を祝う場でもあります。そうであれば、できるだけ、子どもの生の声を反映させたいものです。

現場を見てみよう

子どもたちの声から

卒園児のためのプレゼント

3歳児みんなで5歳児のために、プレゼントを作りました。「年長さんとの楽しかったこと、思い出は何？」と聞くと、運動会でやっていた旗の踊り(P.116)が印象深かったのか、「おおきなはた、つくりたい」「リボンとかはって、かわいくしたい」という声から、この作品になりました。

5歳児の似顔絵を描いて、折り紙で飾り付けました。

卒園式でみんなが言う言葉は、年長児がこれを言いたいという言葉を自分たちで決められるといいですね。また、様々な形で下の子たちの年長児への思いもちゃんと表現されることも大切です。

第23話

卒園式に向けて ❷

3月…
それは別れの月
しおり先生
おはようございます
光田　みなこ
……
しーん
あれ？
はっ
あっ　ごめんね
おはよう
もう
こんな時間
バタバタ
しおり先生…
ワイワイワイワイ
しおりせんせー!!
…
ぱっ
なあに？
みなこ先生の先輩
松本　しおり
きのう
おかあさんに
つくえかって
もらったの！
ランドセル
おけるんだよ
わあっ
よかったね

マメ先生のポイント

小学校見学は、子どもが小学校に希望を抱くかどうかの重要な場です。子どもたちは、「楽しかった」って思ったようですね。小学校との話し合いの際、どうしたら楽しい場にできるかを話し合えるといいですね。

卒園前に、この園で経験したことを味わい直す機会はとても大切です。卒園間際の子どもたちは、振り返って自分の思いを自分の言葉で語ることができる時期。このような時間をもちたいですね。

動物の世話など、下のクラスの子どもたちに伝える機会も重要です。この時期は、小さな子のお世話もできます。自分たちが大きくなった実感をもつ機会としても大切です。

卒園式当日

卒園式の言葉をどうするか、クラスで話し合いたいですね。式では、みんなで一緒に同じ決まった言葉を言うことになりがちですが、クラスでは自分の言葉で、園で楽しかったこと、これからの希望、みんなへの感謝を語る機会も大切にしたいですね。

卒園に際して、一人ひとりがどれほどステキな子どもで、どれだけ成長したかを振り返る機会にもしましょう。要録も形式的なものにしてしまうのではなく、そうした先生の想いの入った言葉で書けるといいですね。

現場を見てみよう

期待を膨らませて…
小学校見学

小学校見学に行きました。実際にイスに座って、気分は小学生です。学校の給食もいただき、子どもたちも小学校への不安が薄れ、楽しみな気持ちになったようでした。

小学校見学は、小学校ってこんなに楽しい所なんだと思えるような機会になるといいですね。その後、みんなで話し合う機会も大切です。ランドセルなど学校ごっこが盛り上がるような環境構成をしてもいいかもしれません。

第24話

何気ない子どもの行動をよく見て

みなこ先生、一年間とても良い保育をしてきました。2・3月は子どもの姿が安定し、ゆっくりとした良い時間を過ごせます。できるだけ行事に振り回されない毎日にしたいものです。そうすれば、みなこ先生のように一人ひとりの成長が見え、子どもも、先生も、充実した幸せな時間を過ごせるのです。

さらっ

ブワッ

……
ごめん
こけちゃった

みてて！
？
ぎゅっ
ブワ
アアア

すごい！
まほうみたい
ドヤ
わたしも
やるー

口や目に
砂が入らない
ようにねー
ブワッ
ブワッ

？

……
何してるの？
おしり～ん
みてるのー
そらがしたになって
おもしろいの
先生も
やってみよう！
わたしも
するー
あっ
ころりん
まわっ
ちゃった！
空が
逆さまだー
ん？
せっせ
せっせ
わあ！
大きな穴を
掘ったね
うんっ！
あとは
ここに
おみずを…
じょうろ
かして！
いいよ～

充実した幸せな時間を過ごせるからこそ、あんなにも子どもたちのしていることが「いとおしく」感じられるのですね。その「いとおしい」想いは子どもにも伝わるのです。充実した時間を過ごし、愛された実感をもてた子どもは良い育ちにつながるでしょう。

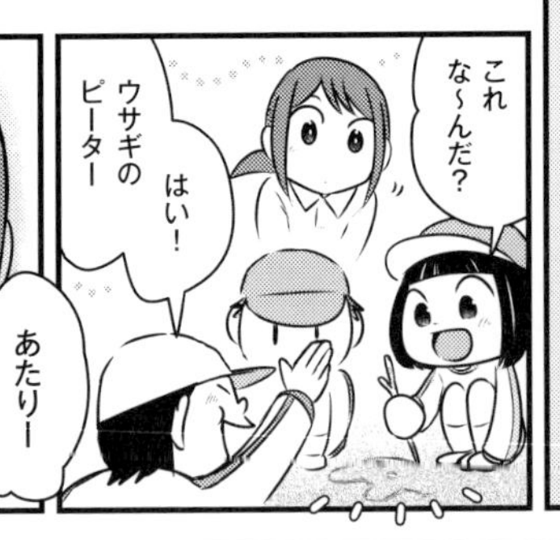

一年が終わります。一人ひとりの子どもの成長を振り返る大切な時期です。指導要録を書く時期でもあります。みなこ先生のように、現在の何げない子どもの姿の中から、「こんなに成長したなぁ」という気付きがたくさんあるといいですね。子どもと向き合った分だけ、その成果が見えてくるはずです。

だから

えーと…
コロン
わっ

君たちが
分からなくなったとき
手を差し伸べて
支えてあげられるように

私も一緒に
進んで行こう！

みんな
シャワーに直行！
はぁーい!!
まっくろー
つづく

年長児であれば「幼児期の終わりまでに育ってほしい姿」にも、照らしてみましょう。すると、いろいろな姿が育ったなと感じるはずです。保護者にも、小学校にも、いかにすてきな成長をしているかを伝えられますね。先生の最後の大切な仕事は、子どもたちの成長の「いいね！」をしっかりと伝えることです。

現場を見てみよう

成長を感じた 子どもたちの姿

指導要録を書く時期でもあります。この子にどんな姿が育ったかを振り返りながら、関わってみましょう。一人ひとりの姿を写真に撮って、「10の姿」を参考に多様な面からその子の育ちを振り返ってもいいですね。

困っている３歳児を気に掛けている４歳児。自分のことだけでなく、友達のことを気に掛けられるようになった姿に成長を感じ、子どもの育ちを振り返る機会になりました。

保育者が関わらなくても自分たちでジュースを作って、お店を開き、お客さんを呼んでやり取りしている姿に１年の成長を感じました。

新年度をどうする？

新しい年度…
よっ
ガチャ
ガチャ
よしっ
一年のスタートです！
スッ
光田（みつた） みなこ
今日は始業式です
さあ今日からここがみんなのお部屋よ！
わあああ
あっ つみきだー
あれ？ あたらしいおもちゃ？
あっ！

マメ先生のポイント

新年度のスタートをどう始めるかは、とても大切です。みなこ先生、昨年度の年長組が使っていた玩具をさりげなく用意していますね。子どもたちは自分たちが年長組になった実感を得ていると思います。それだけでなく、前の年長組みたいに、こんな遊びをしたいという思いも広がっていることでしょう。

引用：『ちょうちょう』（スペイン民謡　作詞／野村秋足）

大事なことは、子どもに「どうしたい？」を聞いて、一緒に考えていることです。結果的に歌のプレゼントをすることに決まりました。保育者が一方的に決めるのではなく、子どもの意見を聞いて決めることは、主体性を育てるだけでなく、対話を通して協同性を育て、自信につながっていきます。

すっ

曲は『むすんでひらいて』

引用：『むすんでひらいて』（作曲／J.J.ルソー　作詞／不詳）

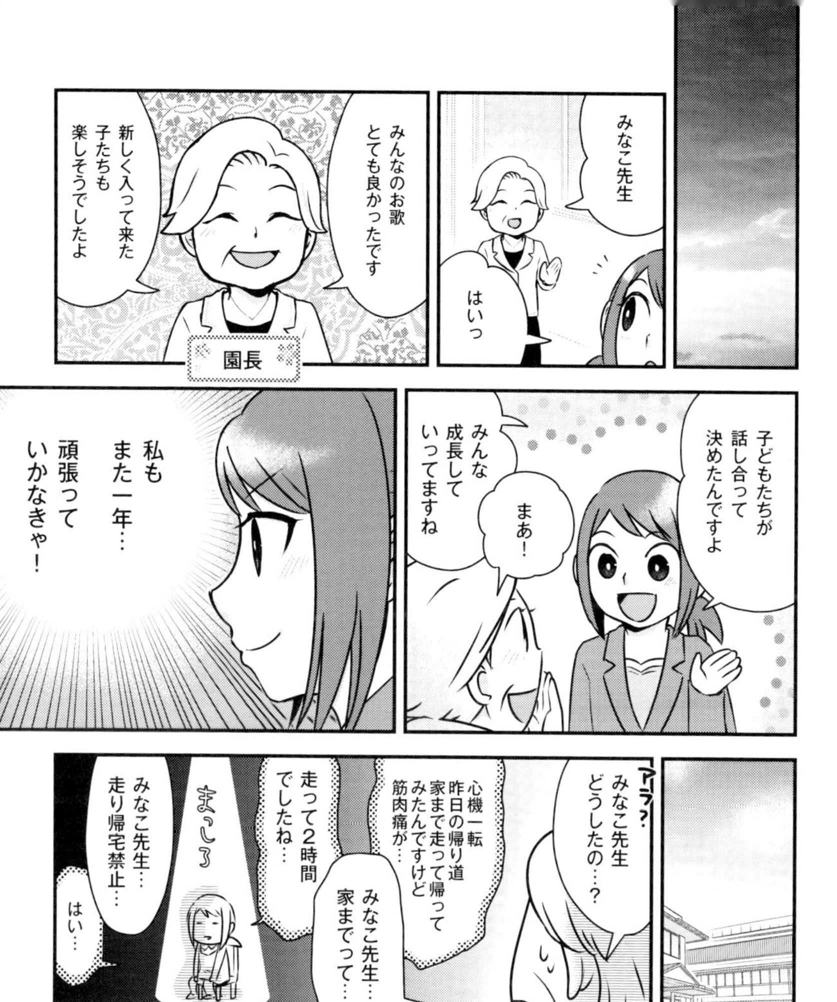

新入園児であれば、家庭にある玩具があるなど、安心できる環境が大切になります。新年度は、どのような遊びの玩具や素材・道具を出すか、コーナーをどうつくるか、テーブルの配置をどうするかなど、腕の見せ所です。

〈監修・コメント〉
大豆生田 啓友（おおまめうだ ひろとも）
玉川大学教育学部・教授
青山学院大学大学院文学研究科教育学専攻修了後、
青山学院幼稚園教諭等を経て、現職。

〈画〉
天野JACK

〈事例提供〉
おだ認定こども園（東京）
千代田区立麹町幼稚園（東京）
東京家政大学附属みどりヶ丘幼稚園（東京）
公立保育園
保育教材研究会（大阪・兵庫）

〈写真提供〉
港北幼稚園（神奈川）
ゆうゆうのもり幼保園（神奈川）

〈STAFF〉
●本文デザイン／tabby design
●校正／株式会社文字工房 燦光
●企画・編集／井家上 萌・安部鷹彦・北山文雄

※園名、所属は執筆当時のものです。
※本書は、『月刊 保育とカリキュラム』2017～2018年度に掲載された内容に
加筆・修正してまとめ、単行本化したものです。

マンガで分かる！
保育って「いいね！」

2019年５月　初版発行

監修者　大豆生田 啓友
発行人　岡本 功
発行所　ひかりのくに株式会社
〒543-0001　大阪市天王寺区上本町3-2-14
TEL06-6768-1155　郵便振替00920-2-118855
〒175-0082　東京都板橋区高島平6-1-1
TEL03-3979-3112　郵便振替00150-0-30666
ホームページアドレス　http://www.hikarinokuni.co.jp
印刷所　大日本印刷株式会社

Printed in Japan
ISBN978-4-564-60931-2
NDC376　216P　19×13cm
乱丁、落丁はお取り替えいたします。

巻末附録

環境構成の工夫

手作り玩具

なり切りコスチューム

衣装とマイクを作りました。子どもたちはアイドルになり切って歌っています。

ままごとコーナー

段ボール箱で台所を作りました。具材はフェルトでシンプルに。子どもたちがいろいろな物に見立てて遊んでいます。

ままごとコーナーはとても大切です。子どもがいつでもなり切れるグッズが用意されていますか？ 布１枚あるだけで、あるいはお鍋１つだけでも、遊びがとても豊かになります。

図鑑・生き物コーナー

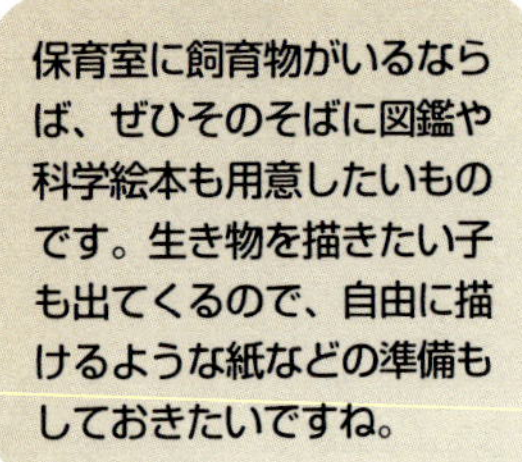

保育室に飼育物がいるならば、ぜひそのそばに図鑑や科学絵本も用意したいものです。生き物を描きたい子も出てくるので、自由に描けるような紙などの準備もしておきたいですね。

カブトムシを調べる

部屋でカブトムシを飼っています。近くに図鑑を置いておくことで、育て方など、子どもたち自身で調べながら、育てています。

アオムシの家作り

アオムシを育てている子どもたち。図鑑でアオムシのことを調べて、アオムシが快適に過ごせる家を作りました。

絵本コーナー

落ち着いた空間に

絵本の棚の前の大きめのマットを敷きました。マットがあることで、空間を区切り、落ち着いた場になります。

絵本コーナーはできるだけ、落ち着いて読める空間を確保したいものです。遊びの動線になっていると落ち着いて読めません。その時期に興味のあるテーマの本が棚いっぱい欲しいですね。

近くには木工コーナーも

絵本コーナーの近くには、木工コーナーも。恐竜を作りたい子どもたちですが、上手にできず…。絵本コーナーから図鑑を持って来て作ることができました。

素材の置き方

多めに用意

子どもたちが、好きなときに好きなだけ使えるように、素材はいろいろな物を多めに出しておきます。

分類して

どこに何があるか分かるように、箱ごとに素材を分けて入れ、側面には写真を貼っています。

自由に作れる廃材が豊富にあると、製作活動は活発になります。しかも、その種類によってしっかりと分類がされていることで使いやすいだけでなく、子どもも分類を学びます。

自分で取れるように

スズランテープは、好きな長さを自分で切り取りやすいように、棚の側面に吊るしています。

季節の物も

季節や、子どもの興味・関心に合わせた素材も用意します。この時は、毛糸でのオーナメント作りが盛り上がっていたので用意しました。

素材も季節に応じ、ドングリなどの自然物が置かれていたり、毛糸などの手作業（指編みなど）ができる素材があったり、木片や石、ビーズなどが置かれたりなど、多様な素材を子どもに提供することが大切です。

掲示の工夫

保護者も参加

ドキュメンテーションを掲示しています。できるだけ、文字を少なく、子どもの声を入れるようにすることで、保護者にも読んでもらえるように工夫しています。

掲示の近くに、付箋とペンを置いています。保護者に一言感想などを書いて貼ってもらいます。

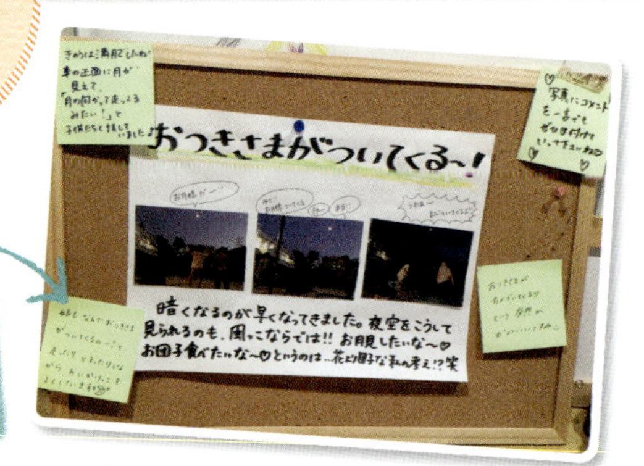

娘も なんで おつきさまがついてくるの ー？と走ったり、とまったりしながら おいかけっこを よくしています☆

子どもたちの疑問を共有

栽培物の葉に穴があいていることを発見！　子どもたちと話し合い、①〜④が犯人ではないかと予想しました。それを絵にして掲示。

後日、犯人を発見したので、それも掲示しました。

写真付きの記録の掲示はとても大切です。子どもが興味をもっていることが保育室に掲示されていることで、子どもは触発され、さらに探究が深まります。クラスの集まりの場面では、ボードに紙を貼って、話題になったことをどんどん書き込んでもいいですね。そして、送迎時の保護者にも見えるようにすることで、家庭でそのことが話題になったりして、家庭との連携が生まれます。クラスにカメラを持ち込んで、積極的に活用していきましょう。

生活場面の工夫

自分で できるように

３歳児クラスでは、タオル掛けに、自分のマークと名前の両方を表示しています。両方を表示することで分かりやすくなり、自分でタオルを掛ける習慣ができてきます。

外のトイレはほとんど大人用です。それに慣れるためにも、台を置いて大人用トイレを使えるようにしています。

手洗い場、着替えの場、靴箱、トイレなどなど…。子どもの生活の場を、子ども目線で本当に使いやすいかどうかチェックすることが大切です。トイレなどはとても不安を感じやすい場なので、特に留意しましょう。